Uanga - Saga

Uta Frithsip atuakkiaanit"Autisme - en gådes afklaring" (Autistiussuseq - nalunartup qulaarneqarnera, nuts.) kapitalimi aallaaqqaasiummit issuagaq:

"Ila niviarsiaraq inequnaqaaq - isai qaqqortarissatut kajortut, qimeriai ilingaartut takisuut qalluilu iluserissut, ilinganeri hørisut sungaartut aammalu kiinaq ungasippasissoq inequnaqisoq: ilungersungaarlungalu neriuppunga qaqugu suut tamarmik ajorunnaarumaartut, aammalu niviarsiaraq taanna aallaqqaammut kigaaginnartoq."

Anaanaasup allagaanit tigulaagaq taanna uatsinnut ersersitsivoq "inoorlaatut autistiussutsip" nalunartorpassuit siulliit ilaannik.

Meeqqat "autistiussusermik" nappaateqartut qanoq ittuukkajunnerat paasillugu uissuumminaqaaq.

Meeqqat ineriartornermikkut annertuumik ajoqutillit takusarneri sungiusimagaanni nalunarneq ajorpoq meeqqat tamakku innarluuteqarpasittarmata.

Tamatuma akerlianik aamma imaakkajoqaaq meeraaqqat autistiusut isiginnittumut puigugassaanngitsumik takornartarpaluttumillu pinnissuserminnik malussarniartitsisarlutik.

Takorlooruminaattarpoq taattup inuusarpalussuseqartup tunuani aalajangiukkuminaatsumik, taamaattorli aseruisumik, ajoquteqarmat, ajoqut meeqqamut angajoqqaavinullu naalliunnangaartoq.

Uanga - Saga

Niviarsissap autistiusup 17-inik ukiullip oqaluttuaa

Inuuvunga
Allatulli inuuvunga

Franciska Nielsen

Inuuvunga inuunerup
inuunererusutaraluama
inuunerilinngisaannagassamali
tarraanut iigarsimallunga

Uanga - Saga
Piginnittussaatitaaneq © 2015 Franciska Nielsen
Nutserisoq: Kelly Bertelsen © 2015
Piginnittussaatitaaneq © 2015 Erik Istrup Publishing
Neqiterineq nassiuinerlu: Ingram Spark
Font: Palatino
Ungalua: Erik Istrup
ISBN 978-87-92980-38-0

Erik Istrup Publishing
Jyllandsgade 16 stth, 9610 Nørager
eip@erikistrup.dk
www.erikistrup.dk/publishing

Imai

Ilisarititsineq 7
    Allattoq Trine Kjær Krogh 7
Siulequt 10
Aallaqqaasiut 11
Autistiussusera 12
    Qiviarama takuakka 20
Malugissutsikka 22
    Tusaasinnaassusera 22
    Attorneqarnermut malugisinnaassusera 22
    Isigisinnaassusera 22
    Naamasinnaassusera 25
    Mamassusermut malugissusera 25
Oqalullunga allallungalu oqaatsikka 28
    Kiserpiarma 36
Timikkut iluaagisat 37
    Niaqqunni millugussimaneq, aamma siutit maminnganerannik
    taaneqartartoq 37
    Aakilliorneq 38
    Qasoqqasarneq 39
    Assaarsisarneq 41
    Toqqusaarluttarnera amermalu panertarnera 41
Aalasinnaassusera 42
Nappaatima suussusersiniarneqarnera 46
    1988 46
    1988 46
    1989 47
    1995 47
    1996 48
    Pillorissaasup 1988-imi nalunaarusiaa 50
    Katsorsarneqareernerup kingorna pillorissaasup nalunaarusiaa
53
    Perorsaanikkut- tarnikkut misissuineq 1996 54
Autisme sunaava? 70
Atuarnera 74

Nersualaarinninneq, naveersineq piumaffiginninnerlu...............88

Tarratut inuuneq..............................92

Asanninneq nuannarisaqarneq autismelu 93

Inngilip angalanerinnaa 96

Kuultinik siallersoq........................100

Ikinngutit autismelu 105

Atuarfimmiinninni ilinniarnertuungorniarfimmiinninnilu angala-
nerit 108

Atuarfimmi namminersortumiitillunga Ungarn-imi ullorsiutit....
108

Ilinniarnertuunngorniarfimmi misigisassarsiorluni / asimilu qa-
noq inuuniartoqarsinnaanersoq paasiniarlugu angalaneq...........113

Ulluinnarni inuuneq........................116

Igalaaminernik siallersoq..........................118

Isumatsangaarnerit........................120

10/6-1998-imi ullorsiutiniit..................124

Nakkarneq........................127

Autistit aspergerillu allat naapillugit 131

Tungujortoq aappalaartoq....................136

Perorsaariaatsit........................137

Meeqqat autistiusut innarluuteqarnerminnik ilisimatinneqar-
tassappat?..................143

Innarluut autistiussuseq oqallisigineqassava nipangiusimaneqas-
savaluunniit?....................145

Sulloq....................156

Soqutigisakka: hiistit/hiisterneq....................158

Sooq nunanut allanut unammisartunut mattunneqassaanga?165

Dansk Handicap Idræts-Forbundip akissutaanit tigulaakkat.166

Angajoqqaama Dansk Handicap Idræts-Forbundimut akissuta-
anit tigulaakkat....................167

Siunissaq....................170

Eqikkaaneq....................172

Puilasuliaq....................175

Autistiussuseq pillugu paasisaqarnerorusuttunut....................178

Ilisarititsineq

Allattoq Trine Kjær Krogh

Under Autistiulluni qanoq ippa? Apeqqut taanna inunnut kikkulluunniit ulluinnarni autistiussusermik suliaqartunut tuttarpoq.

Nukappiaqqamut autistiusumut anaanaasutut autistiussutsip inummit namminermit qanoq misigineqartarnera ukiorpassuarni akissutissarsiortuarsimavara. Autistit pillugit allaaserisat pitsaasut amerlaqaat. Timikkut nakorsaasarnermit isigalugu - tarnikkut pissutsinit isigalugu - angajoqqaanit isigalugu. Allaaserisalli tamakku tamarmik autistiusut assigiimmik pissuseqartutut allaaserisarpaat, inoqasersornikkut ilisimasaqanngitsutut aammalu attaveqarnermut naammattumik piginnaaneqanngitsutut. Ilinniarneqartarpoq nappaatip malunniutai qanoq sakkukillisarneqarsinnaanersut taamalu pissusilersuutaasartut qanoq aqunneqarsinnaanersut, anaanatulli misigiuartarpunga amigaateqartoq: Silarsuaq qanoq ittuua nappaat qaqutigoortoq taanna pigalugu?

Putoq tamanna Sagap imminik pilluni atuakkiaatigut immerneqarpoq. Silarsuarminut isertippaatigut oqaluttuullutalu inuttut autistiussusermik nappaateqarluni qanoq misinnarnersoq. Meeraaraanini pillugu oqaluttuaatigut ernera pillugu misilittakkakka nutaamik isigisinnaalerpakka. Tassanngaannaq paasilerpakka siornagut paasisinnaasarsimanngisakka. Paasilerpara isigisat killeqarsinnaaqimmata nipillu ersinarsinnaaqalutik, uummatikkullu paasilluinnarpara toqqissisimaneq patajaassuserlu pingaaqimmata. Nalunngereeraluarpakka, maannali paasivakka! Sagap nalaattagai nammineq pigai, inoqanngilarmi marlunnik assigiissunik, naalli nappaatip ersiutai assigiinngikkaluartut ajornartorsiutiginagu uanga qitornannut nuussinnaavakka.

Tamakkuinnaanngillalli Sagap atuakkiaata uannut tunniussai. Siullermik pingaarnermillu neriuutissaqalersippaanga. Saga arnatut inuusuttutut, nammineersinnaasutut paasisimasaqarluartutullu inerissimammat uanga ernera aammalumi inuit allat autistiussusermit eqqugaasimasut pillugit neriuuteqalerpunga.

Sagap atuakkiamigut inuit autistiusut misigissuseqanngissorineqartarnerat akerlilerluinnarpaa. Immaqa saqqummiukkuminaatsittarpaat: kisianni taama issuserminni misigissuseqartarnerat anniangaartarnerallu qularutigineqarsinnaajunnaarpoq.

Atuagaq atuareerlugu Saga inuillu allat ulluinnarni autistiussusermik atugaqartut suli annerusumik ataqqilerpakka. Sagami atuakkiamigut tassaalerpoq inuit allat autistiusut sinniisaat, immaqalu aamma qanoq issuserminnik oqaasertaliisinnaanngitsunut.

Sagap ilinniartippaatigut taama innarluuteqarluni qanoq ilungersunartigisoq. Autistiulluni oqitsuunngilaq. Pingaartumillu ima inerissimatigigaanni suut pisinnaanngisat ilisimalersimallugit. Allat assigilersinnaanagit nassuerneq annernartuuvoq, naak silarsuarmi allanit tamanit piumanerusaqanngikkaluarluni. Isumaqarpunga Sagap ullut tamaasa akiuuttuarnera timersortartumut OL-imut anngunniarluni sungiusartumut assersuunneqarsinnaasoq. Ineriartornikkut alloriarnimimininnguit tamarmik aammik, kiagunnermik qullinillu akeqarput, anguniagarlu angugaanni nungullugit kisianni aamma allamik anguniagaqalerluni. Kinaluunniit akiuunnermut tamatumunnga malinnaasoq ataqqinninnerunngitsumik misigissuseqalersinnaanngilaq. Inuit autistiusut nalligineqassanngillat, ataqqineqassappulli silarsuaq autistiusunut naleqquttuliaanngitsoq inuuffiginiarlugu ullut tamaasa ilungersungaartarmata.

Taamaammat tamatta Saga qutsavissareqaarput. Atuarfimmi inoqatimilu akornanni ullut tamaasa ilungersornermi saniagut atuakkap matuma allannissaanut nukissaqarsimavoq. Nukippassuit atorneqarsimapput. Atuakkiani aammalu qarasaasiakkut nittartakkani atorlugit autistiussuseq pillugu ilisimanninnermik paasinninnermillu siaruarterisimavoq. Tamatumunnga qujanaq.

Uummatinnit iluunngarlunga atuagaq manna angajoqqaa-nut allanut, ilaqutaasunut katsorsaasunullu, ilami kikkunnut tamanut inuit autistiusut qanoq misigisarnerannik paasinnit-siarumasunut innersuussutigiumavara.

Siulequt

Siullermik angajoqqaakka qutsavigianiarpakka angingaartumik tapersersorsimammannga atuakkamik matuminnga sivisoqisumik allannissannut saperunnaarsillunga

Aamma Nykøbingimi Falsterimi teknisk gymnasium kiisalu ilinniartitsisut Annemette Elbech, Jesper Henriksen aammalu Mette Vestergård qutsavigingaarniarpakka naammagittarsimmammata, ikiuuttarsimammata aammalu ikinngutinnerfigisimamman-nga ilinniagassalerillunga ikiorteqartarninni ataatsimullu atuartitaasarnitsinni. Aamma immikkoortortap pisortaa Niels Erik Fros qutsavigingaarniarpara teknisk gymnasiumimi atuarnissannut pitsaangaartumut periarfississimammanga aammalu ilinniagassalerinermi ikiorteqalernissannut ikiorsimammatigut.

Aamma qutsavigiumavara Center for Autisme angajoqqaannut uannullu ikiuutingaarsimammat, aammalu nappaatima suussusersiniarnerani pitsaasumik pisimammanga.

Naggasiullugu Nykøbing Falsterip napparsimaviata meeqqanut immikkoortortaa aakilliornerma nalaani pitsaasumik pinnissimaneranut qutsaviginiarpara. Immikkut qutsavigiumavakka meeqqanut immikkoortortami meeqqat nakorsaat aammalu nakorsaanerit.

Inussiarnersumik inuulluaqqusillunga

Franciska Saga

Aallaqqaasiut

Ateqarpunga Franciska Nielsen (Saga). Autistiuvunga pisinnaasaqarluartoq, 17-inik ukioqarlunga, inuuvungalu 17. september 1982 Hvidovrep napparsimaviani. Pisinnaasaqarluarlunga autistiunera 1996-imi Center for Autismemi paasineqarpoq.

Anaanaga inunngorninniit ullumimut inuunera pillugu allagaqangaatsiartarsimavoq. Ataatsimiinnerit misissortinnikkalu imaqarniliortarsimavai aammalu autisme pillugu isumaliutersuutit soqutiginaateqartutut isigisani tamaasa allattarsimallugit. Allagai atuartarsimaqaakka matumanilu sapinngisara tamaat atortarsimavakka.

Aamma nappaatiga pillugu paasisat kiisalu misissorneqartarninni paasisat soqutiginarluinnartutut isigisakka ilannguppakka. Isumaqarpunga isertugaqartoqassanngitsoq ilami nappaat pillugu oqaluttuat paasinerluinerillu ima amerlatigipput ingerlariaqqittoqassappat tunngaviusumik qanoq iliuuseqartoqartariaqarluni.

Atuakkianni aammalu qarasaasiakkut nittartakkanni siunertaraara autistit pillugit paasinninneq pitsaanerulissasoq taakkulu atugaat pitsaanerulissasut. Taamaaliorniarlunga oqaluttuarisassavakka uanga namminneq nappaammik taassuminnga misigisaqartarsimanera aammalu nalaattakkakka, aammalu autistit pillugit ilisimasat nalinginnaanerusut pillugit ilisimasannik ilallugit. Autisme pillugu isummat taamaassorinnerit angajoqqaannik oqaloqateqartarninni ilikkarsimavakka. Aamma nappaat pillugu atuagassiat atuakkallu atuartarsimavakka. Qulit missaannik ukioqarninniit ullorsiutitut taaneqarsinnaasumik ingerlataqarsimavunga. Taakku ulluinnarni pisartunik paasissutissaannaagaluarpummi, taakkuli takullugit sulerisarsimanera pillugu paasissutissanik pissarsiaqartarpunga. Paasissutissat pisullu nammineerlunga eqqaamasinnaanngisakka pillugit angajoqqaakka oqaloqatigisarpakka.

Autistiussusera

Austiussusera pissutigalugu malugissutsikka naammattumik atorsinnaasimanngilakka. Tassa isigisinnaassusera, tusaasinnaassusera, naammasinnaassusera, mamassutsinut malugisinnaassusera aammalu attorneqarnermut malugisinnaassusera.

Autistiunera tunngavippiamigut uannut (tassa uannorpiaq maannalu nappaammi killiffinni) imaappoq kukkussutigisartakkakka pisinnaanngiffikkalu nalunngikkikka, soorlu inuit allat inuttut oqaloqatigisinnaanagit. Pissusera, autistiussusermut ersiutaasorilluinnagara, tassaaavoq kinaassusera imaaliallaannaq allanngortissinnaanngikkiga, tassami tunngavippiakkut taamaattuuvunga, kinaassuseralu allanngortinniaraluaraanngakku nikallorullunga isumatsassimangaalersarpunga, tassa suna siornagut iliuuserisimanngisannik iliuuseqarniaraluaraangama paasisarakku siornagut qanoq pisinaasakitsigisimasunga. Inunnut allanut sanilliullunga, tassa inuunerminni pissusissamisoortumik ineriartorsimasunut, sanilliullunga ukiorpassuarnik kinguarsimavunga, uangali imminut pinngitsaalillunga ineriartortariaqarpunga. Piginnaanngiffikka paasillugit nassuerutigisariaqarpakka, nutaanik ilikkagaqarnissannut periaatsinik nassaarniartariaqarlunga aammalu paatsuuinerit ajornartorsiutillu takkussinnaasut aqqusaartariaqartarlugit. Paasisariaqarparpummi sumilluunniit iliortaraangama eqqortumik iliornersunga ilisimaneq saperakku, aammalu pikkorliorsinnaasaqigama iluatsitsinngitsoortaramalu. Suut paatsoorluinnarsimaqinagakkit annilaangagisinnaasarpara, ilami paatsuuinera imaaliinnarlugu paasineq saperpara. Tamannalu pissutigigunarlugu suna arlaat sapernaguluunniit sapertarpara, akornanniittoqanngilaq.

Massakkut killiffinni isumaliortaatsikkut assut inerisimalersimavunga. 12-inik ukioqarlunga atuagarsornikkut taamaanngilluinnarpunga, kisiannili periaatsimik sunik pineqartunik uannik paasinnissinnaanngortitsisumik nassaarama atuagarsornikkut pilertoqisumik siumukalerpunga. Massakkut ineriartorninni killiffiga tassaavoq qarasarsornikkut paasisassat piffissaqarfigalugillu kajumigisakka ilikkarsinnaan-ngorsimallugit, tassa inuit taamaaliornissaminnut naleqquttut ilinniartitsisorigukkit. Piffissara tamaat ilinniarnermut atortarpara. Ilinniartitsisullu soorlu ilaanni oqarfigisimagaanga, qatigattuutut arfineq marluttut uteriitsigaanga. Suna arlaat pisinnaalerumallugu aallartikkuma, saperunnaartinnagu uninneq ajorpunga.

Kisianni suli paasisariaqarparput suut pisut inuttut tiguneq ajorakkit. Kinaassusera allanngortittariaqarneq ajorpara suut qarasarsornikkut paasisassat eqqaamasinnaanngussagukkit. Naak ullumikkut pikkorissisimagaluaqalunga suli autistiuvunga. Inuit allat paasissagaanni imminut paasilluarsimasariaqarpoq, uangalu imminut ilisarisimalluanngeqaanga. Ilisimajuaannannginnakku suna nalinginnaasuunersoq, aammalu suna autisterpallannerunersoq, inuit allat qanoq innerat paasineq sapertarpara. Aamma takorloorneqarsinnaavoq periaaseq inuit allat inunnguuserisaat, eqqarsaatit allanit eqqarsaatigineqarsinnaanneranik imaasiallaannaq paasinnissinnaanngortitsisartoq, tassaasoq uagut autistiusugut isumamineersumik imaasiallaannaq ilikkarsinnaanngisarput, tassami imaasiallaannaq paasinnissinnaaneq taanna piginngilarput.

Ajornartorsiutigisartakkama ilaat tassaavoq pissusilersornera inuit oqaloqatiginnikkusunnginnertut paasisarmassuk, taavalu mattunneqapallattarnera pissutigalugu kigaatsumik oqaloqatigiinnermut sungiusarneq sapertarpara. Tassa imaappoq uisorernerinnakkut imminut allanngortinniartariaqartarlunga, tamannalu ajornavippoq.

Anguniagara tassaavoq annikitsuunngugaluamik inuttut ineriartortuarnissara, tassami tassanngaannarpallaamik ineriartorniaraluaraangama qamuuna ima aserortigisarpunga taama sukkatigisumik ineriartorsinnaajunnaartarlunga. Sorpassuartigut aspergerimut assinguvunga, amerlanngitsutigummi ineriartornissara aalluttarpara. Nukikka anguniakkanut ikittunnguanut atortarpakka, immaqa inuit

nalinginnaasut ullup/inuunerup ingerlanerani tamatigoorne-
rusumik iliortaraluartut.

Inuit, autisme pillugu matuminnga atuartut, eqqaamaju-
artariaqarpaat piginnaanerit tamakku uanga inunnguuse-
rinnginnakkit, periaatsillu ineriartortissimasakka ilungersu-
utingaarlugu sungiusarnikkut pigilersimagakkit (periaatsit
kingorna eqqartorumaarpakka). Isumaqarpunga tarnikkut
napparsimasimanngisaannarlunga, naak eqqumiitsunik
eqqarsaateqartarlungalu pissusilersuuteqartarsimagalu-
arlunga eqqortup eqqunngitsullu suussusiannik ilisiman-
ninnginnermik pissuteqarsorisannik. Uattut innarluutillit
allat pisarnerattut uanga immikkut ittunik piunngitsunillu
eqqarsaateqartarnangalu pissusilersorneq ajorpunga, kisian-
nili taamaattarsimavunga. Massakkut nipaalluinnartutut
pissuseqaannartarpunga. Piumanngisaqartarpunga, soorlu
neqitorumaneq ajorpunga, suliarisartakkakkalu atuarninnut
aammalu hiistertarninnut kiisalu nipilersuutinut filmerner-
mullu killeqarput. Allat qanoq oqaasissaqarnersut naalaaru-
masaqaara, aammalu soqutigisarpara qanoq eqqarsaateqar-
nersut isumaqarnersullu.

Nikallorululluni isumatsannerit annikitsut takkuteqqaarput
qulingiluanik ukioqarlunga. Imaanngilaq kajumissaarutigini-
arakku, kisianni isumatsassimangaarnerup kingorna siuari-
arnerit imaluunniit nutaamik ilinniarnissamut toqqammavis-
sat takkuttarput. Austinut ulorianaateqarnerpaatut isigisara
tassaavoq austistit "austistitut komarneranni" uniinnarnissa-
minnut akuerineqartarnerat. Uppernarsarsinnaavara austistit
qarasaanni pisartutut inuit takorloortagaat namminneerlutik
eqqoriagaannarimmatigik. Oqaluttuarisinnaavara qarasaat
imaqanngilluinnartarmat. Austitiulluni pisariaqartitat aam-
malu ilorpiap misigissusii/malugisallu kisiisa atorlugit inuu-
neq ingerlasarpoq. Aamma suut misigisat tassaasarput is-
sariarneq taannarpiaq misigisat, kingornalu tammartarput.
Takorloorneqarsinnaavoq tamanna uumasut avatangiisimin-
nik misiginnittarnerattut paasinnittarnerattullu ittuusoq.

Mikigallarama uumasut inunnit nuannarineruakka. Misigisarpunga hestiutikka inunnit ilisarisimasannit assiginer-ugikka. Eqqaamavara hestinut assigiinngitsunut uannut as-sersuuttartunga paasiniarlugu isumakkut periaatsinni qanoq ittuunersunga. Hestitoqqatut saamasutut misigisarsoraanga. Akuttusinangalumi hestiusuusaarlunga pinnguartarpunga. Taamani isumaqarpunga hestit inuunerat inuit inuunerannit paasilluarsinnaanerullugu. Inuit ersiginngilakka, aammalumi qanorujussuaq aatsaat pineqaruma inuit aalajangersimasut ersilersinnaavakka, kisiannili tassa ersigisaqalersinnaavunga. Inuit paasineq ajorpakka, inuillumi annerusumik utersiginn-gilakka. Tassa inoqarpoq, qimarratissaanngillallu. Qanorlu-unniit ittumik pisoqaraluaraangat amerlanertigut inuit naam-mattuugassaajuartarput.

Ullumikkut inuit uumasunit/hestinit nuannarinerulersi-maqaakka. Soorlikiarmi inoqarpoq nuannarilluanngisannik, inoqarporli allanik nuannaringaakkannik. Ataatsimulli isi-galugu inuit uumasunit nuannerineruakka. Isumaqarpunga nalinginnaalluinnartumik tamatumunnga isiginnilersima-sunga.

Ukiorpassuit ingerlareersut aatsaat paasilerpara angajoqqa-atut ittunik uangarpiaq pigisaqartunga. Angajoqqaat pinga-arnerpaamik tassaatittaraluarpakka, sulilu taamatut isigaak-ka, eqqissisimaneq suullu tamarmik pissusissamisoornerat. Kingusinnerusukkut ineriartorninnut pingaaruteqarluinnar-simassusiat paasivara. Tassami autistit inuttut imminnut tun-niusimasunut inuunertik naallugu attavissaqartariaqarput, taakkulu anguniakkanik pisariaqartitanillu nalilersuijuarnis-saminnut soqutiginnittuusariaqarput aammalu ineriartorner-mi nutaanik anguniagassaqartuarnissaq soqutigisariaqarpaat.

Sunik tusaasinnaanngisannik paasisinnaanngisannillu paa-siniaaninnut angajoqqaakka atortaqaakka. Minnerugallarama anaanama sunilluunniit pisoqaraangat sunik tamanik tusaasa-minik takusaminillu oqaluttuuttalerpaanga. Taamaalillunga inuit allat takusaat, eqqarsaataat tusaasaallu anneroqisumik ilisimasaqarfigilerpakka. Nassuiaatit takivallaannginnissaat pingaaruteqarpoq, paatsuugassaanngitsulli kisiisa. Aatsaat massakkut killiffinni nassuiaatit atorfissaqartilerpakka, nassuiaatimmi autistinut allanut nipiliornerinnaassapput atorfissaqartinngisaat, paatsiveerussaataannaasussalli. Nappaat autisme paatsiveerusimaarnerummat sivisoorsuaq, suut pineqartut erseqqissumik aalajangersimasumik oqaatigisarnissaat pingaaruteqarpoq, peqatigisaanillu eqqaamajuartariaqarpoq oqaatsit ilumoorulluinnarlugit taamaannerpiaasut paasineqartarmata. Nalunaaqutaq arfineq-pingasut nalunaaqutaq arfineq-pingasuuvoq, imaanngitsoq arfineq-pingasut qaangilaarlugit minutsit marluk. Aammalu nalunaaqutaq "arfineqpingasut" qaangilaaraa paasissaanani pavani ippoq. Nassuiaatit ataatsikkoorussat arlariit autistiusuni paasissaanngillat, tassalu pineqartup qiterpiarisaa meeqqanik autistiusunik perorsaanerup sooq taama ajornakusoortiginera eqqartussagutsigu. Aamma eqqaamajuartariaqarpoq oqartoqanngisaannassammat meeraq qanoq iliussanngitsoq, taamaallaalli qanoq iliussasoq.

Isuma nutaarluinnaq uannut ilisaritinneqarpoq: pisunik tulleriissaarineq. Pisunik tulleriissaaraluni paasinnittarneq tassaavoq suut nalinginnaasut aalajangersimasunngorlugit paasineqartarnerat; tulleriissaaraluni eqqarsarneq, tassa tunngavissat marluk, qassiilluunniit, assigiissuteqartut aallaavigalugit inerniliisarneq. Atuarfimmi qallunaatoortarnitsinni atuarsimavarput Ludvig Holbergip atuakkiaa Erasmus Montanus. Tassani pisunik tulleriissaarnerup eqqarsaatersuutigalugu qanoq paasineqarnissaa tusarparput. Oqaatsip iliuuseqarnermik kinguneqartarnera pisunik tulleriissaarineruvoq, tamatumunngalu assersuutissamik qallunaatoornermut ilinniartitsissutsinit tusagaqarpugut. Taanna oqarpoq atuartut arlaat assersuutigalugu oqarpat "kakkaak kiak", imaattoq taama oqartoq igalaamik ammaanialersaartoq imaluunniit allatut iliulersaartoq. Oqarutta allattarfissuaq takusinnaanngikkipput, taava imaappoq arlaata igalaat saagueriartussagai imaluunniit allattarfissuup qullii ikissagai. Tassa oqaaserineqartut malillugit qanoq iliuuseqarneq tamatumani pineqarpoq (naak toqqaannartumik piumaffigineqanngikkaluaraanniluunniit).

Isumaqarpunga autistit pisunik tulleriissaaraluni paasin-
nittarneq tamanna piginnginnamikku qanoq pisoqaraangat
qisuariarsinnaaneq ajortut, aammalu ilisimaneq ajoraat oqaa-
serineqartut malillugit qisuariartussaallutik.

Meeraanerugallarama autismernera ersarinneroqaaq,
autismillu ersiutai tamaasa pigivakka. Uniffeqanngivissort-
arpunga, oqajuitsuuvunga, aalajangersimasumik sammis-
aqarsinnaananga aammalu misigissuseqarnanga timikkullu
atorneqarnermut malugissuteqarnanga. Aammalu aalassar-
luttuuvunga pinnguartunullu peqataasinnaananga, pinga-
artumik ataatsimoorluni pinnguaatit saperpakka soorlu eri-
narsoqatigiinneq, eqaarsaarneq arsarnerlu, susoqarnersormi
malinnaaffigisinnaanagulu paasisinnaaneq ajorpara.

Aamma iliuuserineqartut sakkortuallaartarput nipitualla-
artarlutillu aammalu pilertorpallaamik pisarput malugissut-
sima malinnaaffigisinnaaneq ajorlugit. Taamaammat pisut
qaangersinnaassagukkit periarfissatuarisarpara silarsuarmut
avatinniittumut matulluinnarnissara. Ilisimatinneqarsimavu-
nga nipit takusallu ingasappallaaleraangata erserpasilerlu-
ngalu ittoorpasilerlunga qisuariartartunga. Nammineerlunga
eqqaamasaqanngilanga, tassa eqqarsaateqanngilluinnartara-
ma taamaammallu pisut puioqqittarlugit.

Pisut annermik malugisarpakka. Eqqarsarneq inuttut allatulli
uannut isumamineersumik pineq ajorpoq. Aammalu eqqars-
artalerneq inunnit allanit aallartinneqarneq ajorunarpoq so-
orlu meeraaqqat nalinginnaasut autistiunngitsut 1-2-inik uki-
oqaleraangamik pisarnerattut.

Mikigallarama sininngisaannarpunga. Ukioqanngikkallar-
ninniit pingasunik ukioqalernissama tungaanut ulloq unnu-
arlu nilliajuartarpunga. Pingasunillu ukioqarlunga meeqqe-
rivimmiittalerama ullormiit ullormut nilliasarunnaarpunga,
suulluunniillu qullermik ataatsimik qiatissinnaajunnaarpaan-
ga. Taava qitutsilertuinnanngorlunga illartuaannalerpunga.
Qiaffissaraluanni maanna illartalerpunga. Inuit isumaqartar-
put nuannerlungalu inequnartunga. Angajoqqaamali nalu-
neq ajorpaat maanna qasulersunga annilaangalersungalu-

unniit. Akuttunngitsunik angajoqqaama meeqqerivimmut aagaangannga natermiittarpunga imalu illartigisarlunga kiinara aappaluttuinnanngorsimasarluni, qulliliortuinnanngorsimasarlungalu. Inuit eqqanniittut quiasoqataasarput, uangali quiasuutigisarpaannga illarunnaarneq ajulersarama.

Taava anaanama tigusarpaanga naatsumillu naalakkertarlunga uneqqullunga, taavalu tassa eqqissinissama tungaanut qasuerserfissannik nassaartariaqartarpunga eqqissivinnissama tungaanut, taamaalinngiukkumami illarsuaqqiliinnassaanga qasutalluinnarsimasaramami, imaluunniit avatangiisikka malinnaaffigisinnaajunnaarluinnarsimasarakkit.

Sininneq ajulersarnikka suli eqqaamavakka. Sivikitsunnguakkuutaarlugit sinittarpunga, unnuallu ingerlanerani amerlavallaanik itertaqattaartarpunga. Kiappallaarnera pissutaakkajuttarpoq. Aneerussivimmiikkuma sila issikkaluarpalluunniit sinittarpunga. Aneerussivilli eqqullugu iggavimmut ilineqarpat erngerlunga itertarpunga. Kiappallaaleraangat iluaagusuttuaannartarpunga, inimilu nillaarissumi sinilluarnerusuaannarpunga.

Pinnguartarfimmi sioralimmi pinnguallaqqeqaanga, siparni sioqqanik immeriarlugu kussarteqqittarlugu. Akunnerpassuarni taama ilioqattaarsinnaasarpunga.

Ullut ilaanni meeqqerivimmiut ilagalugit Uumasuusivissuarmiippunga, pinnguartarfillu sioralik nassaarigasuarpara. Tassaniittuarpungalu meeqqat angerlakaammata. Kingorna paasilerpaat peqanngitsunga, meeqqerisorlu Uumasuusivimmut arpappoq pinnguartarfimmilu sioralimmi ittunga nassaaralunga. Malugisimanngilara qimagussimammata, tamannalu taamaallaat eqqaamavara meeqqerisup ataataga aallunga takkummat oqaluttuummagu.

Meeqqerisut peqataatinniarnera ajornartorsiutigiuaannarpaat. Pisuttuaraangatta arlaata tasiortariaqartarpaanga uniaannangajattariaqartarlungalu, taamaaliunngippata sumut tamaanga ingerlasussaagama. Arfinilinnik ukioqartunga, ukiunullu naleqqiullunga allisimaqisunga, meeqqerisut paariuarnissara qatsukkamikku, aammami mikinerusunik paarsassaqaqigamik, meeqqanut allanut tasiortittalerpaannga. Ullulli ilaanni arnaq utoqqasaaq takuara malillugulu. Meeqqerisut qimagussimasunga paasigamikku annilaarsimaqaat, nassaarimmangalu naveerseqaanga naak taamaaliortarnerat qaqutigooraluaqisoq, takusinnaavaammi qanoq pisoqarnera paasingaartanngikkiga.

Iluarisannut ingerlagaangama angajoqqaakka isumaqartarput nammineersinnaaqalungalu toqqissisimaqisunga, taakkuusarpummi uannik paarsisariaqartut. Uangami sumut qimagullunga ingerlanissara annilaanganartoqartittanngilara.

Aamma taartoq taamaappara. Taartoq malugineq ajorpara, unnuamilu taartuinnarmi angalaartarpunga. Anaanaga taamani isumaqartarpoq tamanna ajunngivissoq meeqqatummi allatut taaq ersiginnginnakku, 14-inilli ukioqartunga annilaangassutigilerpaa oqarfigineqartinnangami qullermik ikitsineq ajorama, sunaaffaliuna taarnera malugisarsimanngikkiga.

Minnerugallarama sumik ersigisaqangaanngilanga, ersissagumami siunissaq eqqarsaatigisinnaasariaqarpara. Uisorerneq taannarpiaq kiisalu aammalu pisariaqartitakka pingaarnerpaaginnaat inuuffigigakkit ersigisaqanngilanga, kisiannili nuannarinngisaqarpunga. Suut nipituut nuannarinngilakka, ersigisarpakkalu. Ullumikkut angajoqqaama imaluunniit uanga nammineq napparsimarululernissara ajutoornissaraluunniit annilaangaginerpaavakka. Ulluinnarnili ersissutigineq ajorpakka. Aatsaalli angajoqqaakka naatsorsuutigisaraluannit peqanngippallaaleraangata eqqarsaatigisinnaasarpara arlaannik pisoqarsimasinnaanera.

Qiviarama takuakka

Qiviarama takuakka
taarneq nipillu qernertut
Paasineq saperpakka
Alarpakka qimagullungalu

Qiviarama takuakka
Eqqarsarpunga takusimanerikka
Paasineq saperpara

Qiviarama takuakka
Kissarpungalu paasisinnaassagaluarikka
eqqarsarpunga takullugillu

Qiviarama takuakka
paasisinnaalerusutakka
Qiviarpunga takujumallugit
silarsuup tunniukkumasai

Qiviarama takuara
Paasivara silarsuaq ingerlassasoq

Qiviarama takuara
Kissarpunga silarsuaq uninngassasoq

Qiviarama takuara
Angummakkumallunga arpattariaqartunga
silarsuaq qiviaranilu paasinnikkumanngitsoq

Qiviarama takuakka
inuit aqqummi ataatsimiittut

Qiviarama takuakka paasillugulu
aqqut taanna atortariaqarlugu

Qiviarama takuara

inuppassuit takkuttarlutillu qimaguttuartassasut
Kissarpunga silarsuup aggiutissagai
kissaramami ilisarilissagikka

Qiviarpunga takullugulu
Misigisariga qanoq pilertortigisinnaasoq
inuk angorusutaq naammattooraanni

Qiviarama takuara
aqqut qanoq oqitsigisoq

Qiviarama takuara
qanoq kigaatsumik iluatsikkiartortoq
inuunerup tunniussaasa ilaat

Qiviarama takuara
uanga inuttut paasinnilersunga

Malugissutsikka

Tusaasinnaassusera

Minnerugallarama nipinut malussarippallaarujussuarpunga, nipituallaaleraangatalu tatamittarpunga. Soorlu assersuutigalugu meeqqerivimmi ataatsimut erinarsortoqaraangat tatamittarpunga, susoqarnersormi paasineq ajorakku, taamalu nipitutiginerat ersiuutigisarakku. Akerlianik nipitoorsuit soorlu timmisartorsuit aammalu motorerpaluk nipitooq malugineq ajorpakka. Meeqqerivimmi meeqqerisut tusaasinnaassusera misissortikkusuppaat. Pineqaraluaraangama oqaluffigineqaraluaraangamalu qisuariarneq ajorama siutit nakorsiartitaavunga.

Attorneqarnermut malugisinnaassusera

Mikigallarninniit 11-inik ukioqalernissama tungaanut annernartoq misigineq saperpara. Orlugaangama arlaannillu ajoquserlunga malugineq ajorpara, taamaammat ajoqusersimanikka malugineq ajorpakka. Isikkakkulli malussarissuujuaannarsimavunga. Tamanna pissutigalugu kamillaanngallunga pisukkumanngisaannarpunga, ilami nuanneeqimmat. Innaraangama sininniarlunga alersaarumaneq ajorpunga, isikkakka sapivikkakkit. Allaammi isikkakka isigineq saperpakka. Isikkama kimit arlaannit attorneqarnissaat saperluinnavippara. Kingorna annernartoq misigisinnaalerakku imaasinnaasarpoq talikkut pussunneqaruma nissukkut annertarlunga tallikkut pinnanga. Kingorna annernartoq misigisinnaalerpara annernartorlu annikitsunnguugaluaq sakkortoqisumik qisuariarfigisarlugu.

Isigisinnaassusera

Pisut kingumut eqqarsaatigigaanngakkit eqqaamasanni qernertumik putorsuaqartarpoq. Eqqaamasinnaasakka tassaapput suut aallarajuttut tarrat qernertut. Ilungersorluinnaraangama inuit ataasiakkaat taamani takusimasakka eqqaamatsiarsinnaasarpakka. Soorlu amtsskolemi ilinniartitsisora siulleq. Pisoq ataasiinnaq eqqaamavara, taamani ilinniartitsisup arnaasup ingilluni oqaluffigaanga, aperaangalu ilumuuillunga atuarfimmut allamut nuukkumanersunga. Naggasiullugu oqaatigaa peqqissimiguma qaqugukkulluunniit amtsskolemut uteqqissinnaasunga. Eqqaamavara misigillatsiartunga malussartungaluunniit arnaq taanna nuannaralugu. Assilissatut ilillugu eqqaamavara akilingerlunga issiasoq, aammalu nerrivimmik akornatsinniittoqartoq, eqqaamanngilarali qanoq isikkoqarnersoq sunersorlu. Isigisakka killeqaqaat.

Kingumut qiviarlunga eqqarsaraangama assit niaqqunni eqqaamasinnaasarpakka, soorlu qernertut/qaqortut/qasertut aammalu qalipaatit taartut, aamma isumaqarpunga tassa isigisakka taama ittuusimassasut. Issatsianngorpoq atuarfimmi atuagassiami Illustreret videnskabimi (nr. 6, 2000) atuarpara uumasut inunnut sanilliullutik isigisaat qanoq ittuusarnersut. Atuarpara inuit isigisaat taamaattuusappata qaratsap pisinnaassusia annertooq pisariaqartussaasoq. Uumasulli tappiinnerupput, tassami qaratsaminni ima nukissaqartiginngillat uatsitut ersaritsigisunik isigisaqarsinnaallutik. Aamma atuagassiami titartagaqarpoq qitsuit qimmilluunniit qanoq avatangiisitik isigisarneraat. Titartakkami takuneqarsinnaavoq qitsuup/qimmip isigisai taarujuttuinnaasut/qalipaatiluttuusut. Suut tamarmik ersernerloqaat, assilissamilu mikisualuit ilaat ersigunnaarluinnartarput. Ilu-moortumillu assilissat uanga minnerugallarama assinut niaqqunniittunut assingungajapput. Isumaqarpunga inuttut allatut isigisinnaanissannut qarasara naammattumik pisinnaassuseqarsimanngitsoq. Naammattumik pisinnaassuseqanngikkaanni taava pisinnaasatuannguit pisariaqarnerpaanut atortariaqarput. Qaammataaluit matuma siorna biologi'rluta filmi takuarput uumasut isigisaannut isaannullu tunngasoq. Allaanngilluinnarpoq taamani uanga isigisartakkakka.

Aamma 12-it missaannik ukioqarlunga eqqaamasaqarsinnaalerama isigisinnaassuseralu allatulli ilermat, takusakka amerlasangaarmata assorsuaq niaqqunni qasusarpunga. Il-loqarfimmut pisuttuaraangatta erniinnaralaarsuaq niaqqunni qasulluinnartarpunga. Tassa takusarpassuakka amerlanga-armata sapilersarpakka nalusarlugu qanoq iliussallugit. In-gasappallaarujussuartarpoq. Assut nuanniittarpoq uannullu ilungersunartarluni. Imaattarpunga isumamineerlunga suut tamaasa takusakka ungasillisariaqartarlugit, soqutiginngila-artariaqartarlugit, malugissutsinnummi ingasappallaalersar-mata. Malugissutsikka ulikkaartoortarput.

Inuit allat eqqaamasakka tassaapput pinnguaqatigis-artakkakka. Eqqaamasakka tassaapput malersuulluta arpaqattaartugut. Pisut timinnik atuiffigisimasakka eqqa-amalluarnerusarpakka. Amtsskolemi "akerara" pillugu eqqa-amavara nissukkut isummikkaanga, aammalu naluttarfim-miilluta isimmeriartaraanga nalunnguarluni sanioqqunnerit tamaasa. Eqqaasarparattaaq eqaarsaartilluta orlukulasartoq. Siuaamigut kiguteqarpoq naffakuusumik kingornalu nipiti-taasumik, orlugaangamilu kigutiminini eqqortuaannarpaa, taavalu naffaa ujartariaqartarparput.

Inuit qanoq isikkoqarnerat eqqaamasinnaanngilara, aam-malu taamani isikkuisigut ilisarineq sapivittarpakka, iliu-userisaasigulli oqaasiisigullu ilisarinerusarpakka. Ulloqartar-porli allanit paasisaqarfiunerusartunik. Aamma inuit uannut oqaaserisaat taamaattarput. Akuttunngeqisunik qanoq oqar-toqarnersoq paasineq ajorpara, ilaanneeriarlungali inuit uan-nut oqaaserisaat eqqaamasinnaasarpakka. Oqaaseqatigiinnit oqaatsinilluunniit marlussunnit amerlaneruneq ajorput, pis-arnermilli pitsaanerusarpoq.

Eqqaamasarpara 14-inik ukioqarlunga inuit ungasianiit ki-inaat ilisarisinnaasanngikkikka. Aatsaalli saavini nikorfatsia-reeraangama eqqarsarluareeraangamalu kikkuusut paasis-arpakka. Inuit tamarmik ungasillutik uannut assigiipput.

Naamasinnaassusera

Naamallaqqissuuvunga, isiginnaassusernullu taarsiullugu atorniartuartarpara. Soorlu anaanaga tikivillugu narajortarpara. Tipaatigut qularnaartarpara anaanagalugu, allaanngitsorlu, paasisimavarami qanoq tipeqartoq, aammalu tipigissaataa qanoq tipeqartoq.

Ullumikkut imaappunga feeriartilluta nuannarinngisara siulleq tassaasarluni tipi. Tipi taanna allaavallaaraangat angerlarsimasutut misigivinngisaannarpunga. Qasutissinnaasarpaanga iluaagusutsilersarlungalu ulluni qassiini tassani najugaqartussaagaangama. Silamili iluarusuittarpunga, tassami silaannaq anorillu taqqamaniittarput, silaannarittuaannartarporlu tipigittarlunilu sumiikkaluaraangamaluunniit. Tassa sumik arlaannik uumassusillip timaanik tipiluttumik peqanngikkaangat, taamaakkaangami nuannerneq ajorpoq. Nuannarineq ajugara aamma tassaavoq illu taaraangat, uagutsinnisullu qaamatiginngikkaangat, tamannali tipitulli uannut sunniunneq ajorpoq, tipimmi inuummarliortilluinnalersinnaasarpaanga.

Mamassusermut malugissusera

Mamassusermut malugissusera ajoquteqarsimanngisaannarunarpoq. Sikutorneq, assigisaallu, ilikkarakkilli nerineq nuannariuaannarsimavara. Ataataga igasutut ilinniarsimavoq merkonomiullunilu, taamaammat tamatigoortunik nerisassaqartitaajuarsimavunga taamaalilungalu aallaqqaammulli nerisassat tamalaat nerinissaat ilikkarsimavara. Ullumikkulli naasortuumasuuvunga, aalisakkalli timmissallu nerisarpakka taamaaliortariaqarama. Ukiut pingasut missaat matuma siornali naasortuumasunngorpunga uumasunik illersuinissaq pissutigalugu. Uumasut pineqartarnerat nuannarinngilara, uumasut nerisassanngorlugit aggugassat pineqartarnerat, pingaartumik puulukit nersussuillu. Ilaanni hestiutiga hiisternermut ilinniarfimmi ineqartissimavara, tassaniipporlu aamma puulukit inaat. Puulukit ulloq unnuarlu nilliaju-

25

artarput, weekendit tamangajaasa silataani toqungasumik puulukeqartarpoq, imaluunniit puulukiaqqat toqungasut qassiiusarlutik. Tamanna amiilaarnartumik maajunnartutut isumaqarfigaara, taamaammat neqitortarunnaarpunga.

Qanittukkut E-mik normulinnik mamakujuttortarunnaarpunga, sikutortarunnaarlunga sodavanditortarunnaarlungalu, saperpakkami. Niaqqukkukkut isikkakkullu aniorneqalersarpu-nga. Suppilli mamareqaakka, aamma naatitartortaqalungalu paarnartortaqaanga. Imigatuarisarpara imeq nalinginnaasoq tiilu, ilaannilu aamma juice, juiceli toqqusaannut sakkortuallaarsinnaasarpoq, imerpallaarukkulu toqqusaakkut annialiinnartarpunga.

Mamassusermilli ooqattaarisinnaassuseq eqqartuleriaratsigu eqqaamavara minnerugallarama saviminersunni ajorilluinnarakku. Pingaartumik alussaat ajorisarpara, saviminersunnittarmat. Sivisoqisumik sungiunniarsaraara.

Tusaamavara alussaammik taassuminnga nerisinniarnera anaanama ajornartorsiutigisarsimagaa, nerisassanik aserortikkanik nerisartussanngorama nerisinneq ajornavissimavunga. Peqqissaasup anaanaga appisaluuttarsimavaa oqaluttuukkaangani nerisassanik aserortikkanik nerisinneq saperlunga. Anaanama ikinngunni Marokkomiuusoq oqaluussimavaa, taannalu oqarsimavoq: "Uanga meeqqakka assamminnik nerisarput, tassa kulturerput. Aamma illit meeqqat taamaaliorsinnaavoq, nerisassanillu aserortigartussappat taava miluffimmut immiunniarigit suttitaagullu angisuumik putulerlugu." Anaanama taamaaliorluni misilippaa, miluffik tigusimavara, oqummiullugu, nerisassallu aserortikkat ooqattaarakkit oriaqqipallassimallugu. Miluffik nakkuppara oqummiuteqqippallallugulu. Taamanernillu nerisassat ajornartorsiutaajunnaarput. Peqqissaasup aggeqqikkami tusarumasimavaa nerisassat aserortikkat nerisalernerikka, anaanagalu akuersisimavoq. "Aap, tassa ilungersulaaginnariaqarpoq, suliassarlu suliaralugu," peqqissaasoq oqarpoq. "Aap," anaanaga akivoq. Ukiorpassuit qaangiummata aatsaat pisoq taanna eqqartoqqipparput, anaanamalu paasinngisaannarpaa sooq alussaat atorlugu nerisassat aserortikkat neriumannginnerikka, uangali saviminersunni eqqaamavara, ukiorpassuarni ajornartorsiutigisimasara.

Meeqqerivimmiittalerama assakka atorlugit nerisarnera meeqqerisut naammagittaalliutigaat. "Kulturikkut ajornartorsiut, uagutsinnimi taama nerisarpugut," anaanaga quiasaarluni akivoq, soormi ajassaaserlunga nerisannginnersunga nassuiagassaanngilaq.

Oqalullunga allallungalu oqaatsikka

Eqqarsaatit oqalunnermut tunngavippiaammata attaveqarneq ilikkarsinnaanngilluinnarsimavara. Uanga nammineerlunga ilisimanngilara allatulli innginnama, taamaammat tamanna ajorusuutiginngilara.

Ineriartornera kigaaqaaq pissusissamisuunngeqisumillu ingerlalluni. Taamaallunga paasilerpara angajoqqaama allallu oqaatiginiakkakka paasineq ajoraat.

Pisariaqartitakka imatorsuunngeqaat, piumasammali allanit paasineqarsinnaannginnerat ajornartorsiutaavoq. Akerleriinneq suli annerulerpoq niviarsiaqqatut allatut ittuaannartuusimagama, aammalu suut tamangajaasa aappimik naaggamillu akisarakkit, taamaaqataanillu uanga soqutigisaqannginnama isumaqarlungalu inuit namminneq naalagaasut, tassami apeqqutigineqartut inuunermik uanga tigusisarninnit ungasittaqimmata.

Silatunerujartortillungali taamaaqatinnut sanilliullunga sapissusera ajorusuutigiartuinnarlugulu isumatsallunga nikalloruluutigiartuinnarpara.

Allanneq ilikkarakku oqaatsinut assersuunneqarsinnaasunik pigisaqalerpunga, allannerlu atorlugu eqqarsartarnera inerikkiartulerpoq inuit allat sammeqqaanngikkaluarlugit, taamaaqataanillu oqaatsit nipi atorlugu pilersittariaqanngilakka ilusilersortariaqarnagillu, tamannalumi uannut artornarnerpaajuaannarsimavoq.

Oqaatsit, oqaatsillu isumaat soqutigilerpakka. Nikallungarulullunga isumatsassimatillunga titartaaneq atortalerpara misigissutsikka/eqqarsaatikka aqunniarlugit. Aqerluusaq kisiat atortarpara, tassami qernertup, qasertup qaqortullu qanoq issusera ersersilluarsinnaanerpaavaat.

Ajorusunnerup ilarujussua pissuteqartarpoq suut arlaat aatsaat apeqqutigineqaraangat takussinnaalerlugillu tusaasinnaalersarakkit, soorlu "atuagaq una qanoq isikkoqarpa?" Aatsaallu tassa atuagaqarnera paasilersarpara, apeqqutigineqaraangallu qanoq isikkoqarnersoq taava nalornisuuler-sinnaasarpunga, apeqqummi imaaliallaannagassaanngilaq. Ima aperisassagaluarput "qanoq qalipaateqarpa?" imaluun-niit "qanoq iluseqarpa?", aatsaammi taava takunnissinnaalis-saanga akisinnaanngussallungalu. Ullumimut allaat ajorn-artorsiorsinnaasarpunga inuit toqqaannanngippallaammik oqalukkaanngata imaluunniit eqqartorniagaat eqqarsaater-suutaanaavallaarlutik pavaniippallaaraangata.

Nipi atorlugu oqaluttarnera eqqarsaatigalugu tamanna si-visoqisumik piartuaarsimavoq. Immaqalu iluanaarlunga oqajuitsuuginnarsimanngilanga.

Minnerugallarama båndit tusarnaarlugit nuannareqaara. Imaanngilaq qanoq oqartut naalaartarakkit, nipilli naala-artarpakka ineeqqanni allamik sammisaqartillunga. Qanorlu-unniit pisoqaraluaraangat båndimik tusarnaartuartarpunga.

Atuagaateqarfimmi atuagaateqarfilerisup upperineq ajorpa-anga bånderpassuit tusarnaartarakkit, ilisimasinnaanngilaali piffissaq qanoq angitigisoq atorlugu båndinik tusarnaartar-tunga.

Ullumikkut takorloorsinnaalluarpara båndit tamakku pif-fissap ingerlanerani tusarnaartarsimasama oqaatsinik tunngaviatigut paasinnilersissimagaannga. Tassami sun-nersimanngitsoorunnanngilaannga aallaqqaammut imaat oqaasertaaluunniit tusarnaartarsimanngikkaluarukkilluun-niit, taamaallaalli oqaaserineqartut nipaat allanngorarnerilu tusarnaartarsimagukkit. Kingorna, oqaluttuat naalaartalerak-kit imaallu paasisalerakkit, aamma ilikkarlualerpara oqaatsit atorlugit qanoq oqaasissat iluarsartuunneqarsinnaanersut isummamillu ersersitsisoqarsinnaanersoq, aammalu inuit akornanni pissusilersorfigeqatigiinneq paasisimasaqarfigine-rulerpara.

Nipinnut tunngatillugu oqaluttuarisinnaavara sivisoqisumik ilinniarakku nipiga inunnut allanut attaveqarninni qanoq atorsinnaaneriga, tamanna uannut pissusissamisuungitsoru-jussuuvoq ajornakusoorlunilu attaveqassagaannimi inuit imminnut qanoq pissusilersorfigeqatigiittarnerat paasisimalluagassaammat. Nipigali pillugu oqaatigisinnaavara 14-inik ukioqarlunga atuarfimmi ilinniartitsisoq aperisalerakku saaffigisalerlugulu sumik arlaannik paasinngisaqaraangama. Taamaaliortarpunga ilinniartitsisoq aqqagut taallugu, angeraangallu imaluunniit aggeraangat nassuialersarpara suna ajornartorsiutigineriga. Aarleqqutigiuartarparali tusaaneraanga paasineraangalu qanoq oqarnersunga. Uanga aatsaat piniaasaaqaarlunga ilinniartitsoq attavigisalerpara atuartut allat oqaannartaraluartut "qaalaariarit" ilinniartitsisorlu suli akinissaminut piffissaqarianngitsoq suna tamaat nassuiareertarlugu. Allat iluamik tusaassappata qanoq nipitutigusumik oqalunnissara iluamik paasisimanngilara. Inuit allat nipaat eqqarsaatigalugit inuit nipaannik assigiinngitsunik ilisarsinermut pikkorissilaavippunga taamaalillungalu inuit qiviaqqaarnagit nipaasigut ilisarisinnaalerlugit.

Maanna båndit atuakkanik sulianik aalajangersimasunik imaqartunik oqaluttualianillu taarsersimalerpakka, isumaqarpungalu taakku paasilluarlugit atuarsinnaanngorsimallugit. Teknisk gymnasiummimi atuarfigisanni qallunaatoornermut ilinniartitsisorput klassitsinni atuarsinnaassusermut misiliivoq. 1. htx-ip aallartinnerani aammaarlunilu 1. htx-ip naanerani. Siullermik minutsimut oqaatsit 140-it atuartarpakka tamakkiisumik paasillugit, tullianillu minutsimut oqaatsit 160-it atuartarpakka 87,5%-imik paasinnissinnaassuseqarlunga. Soorunami båndit atuakkallu kisimik pisinnaalersinngilaannga. Aamma angajoqqaannut piffissaq tamaat "suliffiusimavunga", nassuiaattarlunga, tapersersortarlunga sunillu saperunnaakkannik tamanik ilinniartillunga.

Allanut matoqqasimaqaanga oqaatsikka pissutigalugit aammalu inuit akornanni pissusissaasunik pigisaqannginnera pissutigalugu. Minnerugallarama kimilluunniit oqaloqateqarnissara pisariaqartillugu misigisimanngilanga. Tassa taamaappunga attaveqarneq ilikkanngikkukku ulluinnarni nalinginnaasumik inuusinnaalernaviannginninnik paasininnissama tungaanut. Pinngitsoornanga attaveqarsinnaasariaqarpunga, aammalu allatoqaatsikka paasisinnaasariaqarpaat, minnerunngitsumillu inuit allat attaveqarfigisinnaasariaqarlugillu oqaloqatigiinnikkut paaseqatiginiarsinnaasariaqarpakka.

Annilaarutigaara taamaaqatinnut, inunnullumi allanut, naleqqiullunga isummannik ersersitsinniartarnera taama angitigisumik ajornartorsiutigigakku. Taama angitigisumik ajornartorsiuteqarnera takusinnaalerpara.

Taamanermut taamaaqatima akornanniisinnaasarsimavunga hestiusaarsinnaagama (suut qarsuallugit pissigarlunga hestillu allorarneri issuartarlugit) aammalu attortaalisinnaagama, allalli tassanngaannaq pinnguaatinut taakkununnga utoqqaavallaaleriasaarput taarsiulluguli nipilersuutit aammalu soqutigisat, namminneq kiisalu nukappiaqqat pillugit oqaloqatigiittalermata uanga peqataasinnaajunnaarpunga.

Alliartortillunga misigileraluttuinnarpunga allanit allaasunga. Inunnut allanut attaveqarnermut ilikkartariaqalernera paasivara ilisimatinneqartaleraluttuinnarama oqaatsikka qanoq amigaateqartigisut. Siullermik assut tamanna ajorusunnarpoq, tamannalu kisiat iluaagigaluarpara. Pitsaasumik attaveqarsinnaannginnera ajornartorsiutaasoq paasinngikkallarakku iluaaginngikkaluarpara, oqarfigineqarsimanngikkumali tamanna paasisimalersimassanngikkaluarpara isummerfigisimanavianngikkaluarlugulu.

Uanga isumaqarpunga ullumikkut inunnut allanut attaveqarnermut pikkorissivissimallunga, tassa qarasarsorluni paasisassat eqqartussagutsigit, inuilli qanoq innersut aperinngisaannarpakka. Anaanama piumasaraa tamatumunnga sungiusassasunga, uannulli ajornakusooqaaq. Aperisarpoq soorlu "qanoq ippit?". Taava uanga akillugu aperissavara, taamaaliortarpungalumi, taamaaliortarnerli piviusorpalunngitsutut isumaqarfigaara. Ilisimalluarpara inuit allat aperisinnaanerat qanoq pingaartigisoq, aammalu tusaraangakku qanoq innerat soqutigisarpara. Assulli ajorusuutigisarpara eqqaasinneqaraangama taama angitigisumik amigaateqartunga. Tassaasinuna tamanna tassaasoq siornagut iliuuserisimanngisamik iliortilluni eqqaasinneqartarneq qanoq siorna-

31

gut pikkorlutsigisimalluni, aammalu iliuuserisanngisanik ilioraanni taava inuit allat malugisassagaat. Anaanama assersuutigalugu nersorsinnaasarpaanga imaluunniit suleqinersunga aperalunga qinngasaalaartarpaanga. Ajorneruliinnartarpoq pisoq immikkut isiginiarneqaleraangat, taavalu aatsaat iluamik eqqaasinneqartarpunga pissutsit qanga maannalu assigiinngimmata. (ila qinngarnaqateqanngilaq).

Nipaappallaarsinnaasarpunga. Marluulluni oqaloqatigiilluni paaseqatigiinniarneq ajornartorsiutigingaarneq ajorpara, inuilli amerlanerutillugit aatsaat toqqarlunga aperineqaraangama oqaaseqarnerusarpunga. Inuit allat aperissatillugit imaluunniit arlaannik ajornartorsiuteqaraangama attaviginiarnerat ajornartorsiutigineq ajorpara - nuannaarutigisartagaralu tassaavoq ukiorpassuit qaangiunneranni aatsaat tamanna angusimagakku. Oqaatsikka pitsaanerit allallunga oqaaserisarpakka, aammalu allakkatigut inummut tunngasorpianik apeqquteqarsinnaasarpunga. Oqaatiginiakkakka ersersissinnaasarpakka, aammalu inuit allat paaseqatiginiarlugit attaveqarfigisinnaavakka. Oqaluinnarnikkulli attaveqarneq ajornartorsiutigisaqaara, tassami qanoq iliussanersunga eqqarsaatiginissaanut piffissaqarneq ajorama. Ilungersortinneqanngikkaangama aammalu oqaloqatima kiinnamigut pissusilersuutaanit nassuiaatissaqanngitsunit kiisalu nipiliortunit eqqissiviilliortunillu akornusersorneqanngikkaangama isummakka katersorluarsinnaanerusarpakka.

Atuarfimmi suliarisimasannik saqqummiussillaqqissuuvunga, nuannarisarpara naak "ikunga" iliarsaalerninni annilaangalaartaraluarlunga, qangaanerusormi taamaanneq ajorama. Klassimut saqqummiussineq ajornanngitsunnguusarpoq nalunermi ajorakku qanoq oqassanerlunga, aalajangersimasumik sammisaqarama saqqummiussassannik, aammalu atuarsimasannik sivisuatsiaamillu sammisimasannik. Aamma saqqummiussitilluni tusarnaartoq eqqarsaatigivallaartariaqarneq ajorpoq saqqummiussinermi illuinnaanut attaveqarnertut ittuummat. Kingornagummi apeqquteqartoqarsinnaagaluarpoq, kisiannili tassa sammisaq aalajangersimasoq pineqartarpoq, taannalu atuarluarsimagaanni akisinnaanissaq ilimanarluartarpoq. Ilisimatinneqakkajuppunga saqqummiussisarnikka pitsaasuusartut.

Saqqummiussinerit oqitsunnguusarput piareersarneqarsinnaasaramik, ulluinnarnilu piareersarnissaq allatigut ajornaasavittarpoq. 15-16-inik ukioqarlunga friskolemi atuartuutillunga inuit allat apeqqutigisinnaasaat piareersarfigalugit misilittalerpara. Akerusutarigaluama akissutissaqartittannginnerat qatsuppara. Ajornartorsiutiga tassaavoq eqqarsarnissannut aammalu eqqortumik akinissannut kigaappallaartarama. Amerlanertigut apeqqutigineqartumut qanoq isumaqarnersunga paasinialaaqqaartussaasarpara, ilaanneeriarlungami pineqartoq siornagut eqqarsaatigisimaneq ajorpara. Eqqarsareeraangamalu, tamannalu iluatsivinngisaannarpara naammassivittarnangalu, tassami naluneq ajorakku uisorernerinnarmut akisariaqartunga, taava eqqarsaatigilluarsimanngisara qanoq oqaatigissanerlugu tamuaqqaartariaqarpara. Taamaaqataanillu aamma eqqarsaatigitsiartariaqarpara inuup uannut aperisup qanoq akinissara kissaatigineraa, aammalu sooq taama aperineraanga, aammalu inuup kiinnamigut pissusilersornera qanoq isumaqassagaluaqinersoq.

Tamanna uannut nuanneeqimmat aalajangerpunga qanoq iliuuseqarfiginiarniarlugu, ilami inuit aperillatuaraangata apeqqutaat pitsaasumik akinasuarusuttaraluaqigakkit. Imaaliorniarpunga, inuit sumik arlaannik aperigaangata taava pitsavallaanngitsumik akisariaqartarpakka taavalu angerlariarlunga apeqqutaat eqqarsaatigisarpakka, arlaata apeqqut taannarpiaq apeqqutigeqqissagaluarpagu akisinnaaniassagama. Aammattaaq uannut imminut aperisarpunga apeqqullugu akiniartarlugu. Naggataagut oqaloqatigiilluni paaseqatigiinniarnerit ilivitsut ingerlassinnaanngorpakka, aammalu kiinnakkut pissusilersuutinik, eqqarsaatinik inuttaanillu ilaartortalerpakka, taamaalillungalu oqaluttuaaqqat paaseqatigiinniarnertallit nammineq pikka suliarisalerpakka. Nikalluallannartortaraali inuit apeqqutit assigiimmik apeqqutigineq ajormatigit, aammalumi apeqqutit akinissaat sungiusarsimasakka, immaqa naleqquppallaanngikkaluit, apeqqutiginngilluinnartarpaat. Taamaammat taama iliortarunnaaqqippunga, ilaanniinnarlu aliikkutariinnarlugu taamaliortarpunga, kisianni tassa aliikkutariinnavillugu.

Takorluuerujuunngisaannarpunga, tamatumunngami takorluuisinnaassuseqarnangalu eqqarsarsinnaassuseqanngilanga, pingaartumik autistiunerugallarama aammalu eqqarsarsinnaanngikkallarama suullu arlaat maluginiaannartarallarakkit. Inuilli apersuisarnerisa kingunerisaanik naggataagut takorluuerujoorsinnaalerpunga allaat oqaluttualiorsinnaalerlunga, inuttalersuisinnaalerlunga aammalu aperinerminni kiinnamikkut pissusilersuutaat takorloorsinnaalerlugit. Taamaammat inuit takorloortagaat autistit namminneq silarsuarminni allanit iserfigineqarsinnaanatik inuusoralugit (eqqarsaateqarlutik takorluugaqarlutillu), uanga isumaqatigisinnaanngilluinnarpara. Uanga autistitut inuuninnit isigalugu asuli oqalunnerulluinnarpoq. Takorluuissagaanni, eqqarsaateqassagaanni piusuusaartitsissagaannilu pisinnaasaqarluartariaqarpoq, uangalu inuunermi pisariaqarnerpaaginnarnut pisinnaassuseqarama, soorunami tamakku ilorrisaarutit sammineq saperpakka.

Ullulli ingerlaneranni kukkussutikka sapersarfikkalu takusinnaallualerpakka. Sapersarfikka piumassuseqarnikkut malartaassuseqarnikkullu kiisalu angajoqqaannit ikiorneqarnikkut sapinnginnerulerpakka, allallu ineriartornera peroriartorneralu malillugit isummaminnik tammarput. Imaanngilarli inuttut allatulli nalinginnaasutut sapinngissuseqartunga. Tassami attaveqatigiinniarneq suli ajornartorsiutigaara. Tassa imaappoq uannut tunngasut apeqqutigalugillu akisinnaavakka, sulili saperluinnarpara inuit allat aperissallugit aammalu eqqoriassallugu qanoq oqaluttoqartarnersoq kiisalu qaqugukkut taamaaliortoqassanersoq. Taamaammat oqartoqarsinnaavoq oqaatsit amerlaqisut ilisimagaluarlugit aammalu qarasarsuutigiinnakkanik ilisimasaqarluaraluarlunga taamaattoq suli allanut mattusimaqisunga.

Arlaatigut allanit uattut ajornartorsiuteqartunit mattusimaneruvunga, tassami ajornartorsiutiga ilisimaaraara aammalu

innarluuteqarnerpaanut naatsorsuussaangilanga, illua-tunga-
atigulli uattulli innarluuteqartunut sanilliullunga inunnut in-
narluuteqanngitsunut attaveqarluarnerunngilanga, taama-
ammat taamaallaat allap kisimiilluinnarfiani ittutut ippunga.

Kiserpiarma

Kisimiillunga
kiserliorneq misigisimavara
Kissarpunga inuit allat
akornanniissasunga
Allat akornanni
kiserliorneq misigisara
suli anneruvoq.

Kisimiinneq
kissaatigeqqilerpara
Kisimiillunga aaatsat
kiserliorneq
iluamik misigeqqilersarpara

35

Timikkut iluaagisat

Sorpassuit mianerisariaqarpakka, sorpassuimmi peqataaffigisinnaanngilakka, aammami tarnikkut nukittujuaannanngilanga. Allatulli nikallorulullunga isumatsassimanermik ajornartorsiuteqartaqaanga, pingaartumik imminut pinngitsaalillunga sapersarfigisaraluannik iliuuseqarsinnaanngortinniaraangama, tarnigalu naaggaaraangat (amerlanertigut taamaattarpoq, taamaaliunngikkumami ingerlariaqqissinnaanngilanga).

Aamma timikkut ajornartorsiuteqarsinnaasarpunga suummi tamaasa ilungersuulluinnarlugit sammisariaqartarakkit, taamaammat allanit qasulertornerusarpunga, tamannalu amerlasuutigut malugisinnaaneq ajorpara nukillaarluinnartinnanga. Ullullu qassiit ingerlasinnaasarput susinnaajunnaaqqalluinnarlunga. Timikkut iluaagusuutigisartakkannik allattuitsiarsimavunga.

Niaqqunni millugussimaneq, aamma siutit maminnganerannik taaneqartartoq

Aasakkut sila kiakkaangat ajorluinnartarpoq. Inuit qanoq oqarfigineraannga tusaaniapiloortarpakka, niaqorami siorsuttorsuusarmat. Aamma taamaalisinnaasarpunga puullaaqqileraangama, eqqissiveqanngikkaangama imaluunniit arlaatigut piumaffigineqarpallaartutut misigileraangama. Pisuttuartillunga siggukka tungujortissinnaasarput anerterineralu ilungersunarsilluni, pingaartumik ajortarpoq anoreqarani kiakkaangat. Sila taama itsillugu akunneq ataaseq aneersimaguma, ilaannilu sivikinnerusumik, tulimaama qullerpaat ataanni saamiatu-ngaatigut naqinneqartutut misigisimalersarpunga.

Angerlaraangama qasusaqaanga amerlanertigullu ininnukartariaqartarpunga sinitsiarniarlunga.

Aakilliorneq

Aakilliulaartuaannarnermik ajoquteqarpunga (anæmi). Tamanna siullermik paasineqarpoq qulingiluanik ukioqartunga, nakorsalli ajoqutaannginnerarpaa.

Timikkut ajoquteqannginnersunga ajoquteqarnersungaluunniit malugisinnaalluartanngeqigakku ullut ilaanni uppippunga (taamaattarpungalumi, isumaqarpugulli sumik qamuuna tarnikkut pissuteqarsimasoq, sumik arlaannik ersigisaqarsimasunga. Arlaleriarlunga nakorsamiittaraluarpunga siggukka tungujortittarmata, ajoqutinnilli nassaarfigineq ajorpaanga, taamaammat qangatut issimasorivaanga). Taamanili masseqqissinnaanngilanga. Ataatama nakorsiaappaanga piumasaralugulu aaversissasunga. Nakorsaq oqarpoq pisarnermit assorsuaq qarsungasunga. Sunaaffa aaga procenteqartoq 1,9-mik. Nalinginnaaguni 9,2- usussaagaluarpoq, taamaammat tamanna malugisimasuugukku uumaninnit toqunganerussagaluarpunga (taamaammat autistiusimassaqaanga toqungajannera malugisimanngikkukku).

Aakilliornera pissutigalugu qasusaqaanga qarsungasaqalungalu, aamma siggukka tungujortittarput. Nikuikkaangama akulikitsunik uissanngulertarpunga isigisaralu inneeraliortarluni. Nukissaqarpallaarneq ajorpunga, oruloqqajaalersarlungalu qinngasaarneqaraangama, imaluunniit suna arlaat suliara naammassisinnaajunnaaraangakku. Akulikitsunik ilisimajunnaartarpunga issorartarlungalu. Nutsakka kukikkalu nallortarput Aamma nissukkut tilluusaqartuaannarpunga, arlaannut kalluuttarsimanngikkaluarlugit, aamma kilernikka maminniarsuartaqaat. Malugisarpara ilaanni uummatiga kassuttaqisoq, pisuleraangamalu tulimaakkut saamerlikkut naqisimaneqartutut misigisimalersarpunga.

Sooq aakilliortarnersunga nassuiaatissaqanngilaq, immaqali qanoq qasutiginerlunga paasisannginnakku qanoq iliallallungalu assoroorpallaalertarnera aammalu piffissaagallartillugu unittannginnera pissutaasimassaaq. Aamma naammatsillunga nerisanngilanga annilaangasimaguma imaluunniit allamiissimaguma tassanilu nerisinnaanngisannik nerisimappata, uanga naasortuinnartuuvunga.

Qaammataaluit matuma siorna aat assigiinngitsut pillugit oqalugiartuniippunga. Pinngortitap pissarititaanik nakorsaasiortartup Dr. Peter d'Adamosip atuakkiaa aappit qanoq ittuussia naapertorlugu nerisarit tassani aallaavigineqarpoq. Uanga aamma qanoq ittuussusia, AB, pillugu oqalugiartoq oqarpoq AB aat aassigiinngitsut (O, A, B aamma AB-ikkut) nutaanersarigaat. Ukiut 10-12 hundredet kingulliit ingerlaneranni pinngorsimavoq, silarsuarmilu tamarmi inuit amerlanerpaamik 5%-ii taama ittumik aaqarput. AB aakkut A aamma B-ikkut kattullutik pilersitaraat. Inuit AB-mik aallit aakillioqqajaasarput, uummatimikkut nappaateqaqqajaasarlutik aammalu kræfteqaqqajaarsarlutik. AB-mik aallit allatut aalinnit nappaatinut akiuussutissakinnerusarput.

Qasoqqasarneq

Qasoqqakkajuttuuvunga, aamma massakkut aakkilliorunnaareeraluarlunga. Tassaana inuit allat ilungersungaaratik suliarisartagaat uanga nukinnik amerlanerusunik atuiffigisariaqarakkit taamaattunga. Ilinniarnertuunngorniarnera ilungersunaqaaq, nutaanimmi suliassaqartitaajuaannarpugut ataasiakkaarluta eqimattakkaarlutaluunniit suliassatsinnik. Aammalu atuarnitsinni peqataalluarniarlunga assoroortaqaanga. Piareersagassakka eqqarsaatigisaqaakka, aammalu imminut ilungersortinnerulaartariaqartarpunga, paasisimavarami siumukalaartuartariaqartunga, taamaaliunngikkumami kinguariartulissagama. Aamma sapinngisannik ineriartornissara ataqqinaatitut assut isigaara isumaqarlungalu assut nuannertartoq uanga nammineq allallu takusinnaagaangassuk siuariartoqarsimasoq. Kisiannili qasunera sumiginnarajuppara puiortarlugulu, taavalu ingerlaqqiinnartarpunga sulisarlungalu nukillaavinnissara tikillugu.

Pisuniit pisunut nikeriataarneq ajornakusoortissinnaasarpara. Soorlu maani issiallunga allakkuma, kingornalu angajoqqaakka inimut ornikkukkit, taava pisut nutaat aatsaat iserfigilersinnaasarpakka piffissaq sivisuatsiaq qaangiukkaangat. Isumaqarpunga sumilluunniit suliaqaraluaraangama tassungarpiaq isummakka katersortariaqartarakkit taamaattunga, sunaluunniillu iperaruminaattarpoq itisuumik iserfigisimagaani. Pisut nutaarluinnaat saakkaangakkit tassanngaannaq qasusorujussuartut misigilersinnaasarpunga.

Atuaraangama amerlanertigut ima aallutsigisarpara oqaluffigineqaraluaraangama suaartarneqaraluaraangamaluunniit tusaasarnagit.

Assaarsisarneq

Assakka inussakkalu nillertaqaat. Puullaaqillunga (stresserlunga) taamaattarnerma saniatigut allamik tamanna nassuiaatissaqartinngilara, aammali assaarsilersinnaasarpunga hiistertillunga, taamaalisarneralu sumut arlaannut allamut attuumassuteqarpallaarunanngilaq. Nillertissimagaangama, soorlu sissami nalunnguarlunga, ullut qassiit qiiasinnaasarpunga assakkalu nillertuinnaasarlutik. Kisiannili qiianartoq kiattumit piumaneruara, kiattormi saperluinnarpara, sapertuaannarsimavaralu. Sinilluarnerusarpunga qinngakkut kusugaqanngiluaannaraangama, taamaatsillungalu sumilluunniit itertinneqarsinnaaneq ajorpunga.

Toqqusaarluttarnera amermalu panertarnera

Toqqusaanni ameraasannik ajornartorsiuteqartarpunga. Panertarput toqqusaakkalu anniarilersarpakka. Kisiannili akulikittunik assut imertalerama, aammalu imerusulernaveersaartalerama ajornartorsiut aaqqippoq. Taava amera, qajannaqaaq panilertortaqalunilu. Creme atortariaqartarpara nalinginnaasutut pissuseqartinniarlugu.

Aalasinnaassusera

Aalasinnaassusera, aalassarluttuaannartuusimavunga passattuullungalu. Aamma assut qeratasumik aalaaseqarsimavunga, soorlu qerataqalunga pisuttarlunga. Aamma malugissutsikka pissusissamittut inngimmata, sorpassuit peqataaffigineq saperaluarpakka.

Eqaarsaarneq atuarfimmi misigisartakkanni ajornerit ilagiuarsimavaat, ilumoorlungalu ersilersarpunga eqaarsaarnitsinni arsaattunut peqataanissara eqqarsaatigiinnaraangakku. Taamani imaappoq atuaqatigiit ikittuinnaat eqaarsaaqatigissallugit ajorineq ajorlugu, tassami paasineq ajorakku malinnaasinnaanngittunga. Utoqqaliartornerali malillugu imminut isiginialeraluttuinnarpunga aammalu susinnaanersunga susinnaannginnersungalu isiginialeraluttuinnarlugit. Taamaammat eqaarsaarnerup ajornartorsiutigisarnera kigaatsumik ineriartorsimavoq.

Aamma ajornartorsiutigisarpara peqqussutit tamanut atuuttut malinnaaffigineq/paasineq ajorakkit. Taava ilinniartitsoq oqaraangat: "Tassani pississaaritsi tallisilu kaavitsillugit", taava peqqussut malinneq sapertarpara. Peqqussutigineqartoq talliartortillugu sapileriartortarpara. Pingasunik ukioqartunga anaanap qitinnermut ilinniarfiliaappaanga isumaqarami sungiusaatigilluassagiga. Ilinniartitsisorli oqaaraangat talerpimmut ingerlassasugut taava uanga ilakka sapinngisamik ingalanniartarpakka paasisinnaanngilluinnarlugulu susussaagaluarnersunga, taamaammat qitinnermut ilinniartinniarneqaraluarnera suliaavoq neriunaateqanngilluinnartoq. Aatsaat 6. klassimiilerlunga peqqussutit tamanut atuuttut malinnaaffigisinnaalerpakka, siullermimmi peqqussutinik malinnissinnaanissannut pisut iluamik malinnaaffigisinnaaneq ajorakkit. Paasilluarneq ajorpara peqqussut tamanoortoq kikkorpianut peqqussutaanersoq, ilaannatsinnuunersoq imaluunniit tamatsinnuunersoq, imaluunniit uannuunersoq allarluinnarnuunersorluunniit. Taamaammanuna hiisternermut ataatannit kisimiitsillunga ilinniartinneqartuarsimasunga.

Arfinilinnik ukioqartungali ataatama sungiusarsimanngikka-
luarpanga taama pikkorissisimatiginavianngikkaluarpunga.

Piffissarujussuaq periutsillu amerlaqisut atorlugit ataatama
hiisternermut ilinniartippaanga, hiisternerlu pissutigalugu
ullumikkut atuarfimmi ilinniarluarsinnaalersimavunga.

Arsaannerit qanorluunniit ittut ajornerpaajupput, tassami
kikkut iliginerlugit paasisinnaaneq ajorakku. Arsaanneq
malugissutsinnut sukkavallaartarpoq, aamma nuannarinn-
gilara inuit allat mianerinagit arsaq kisiat sammigaat ilagis-
sallugit. Uppitinneqarnissara arsamilluunniit niaqqukkut
eqqorneqarnissara annilaangagisarpara. Arsap arsaaffimmi
sumiinnera pilertortumik paasisinnaaneq ajorakku kimit
arlaanit aporneqalertortarpunga, arsaaffimmiittariaqartil-
lungalu aarlerinartorsiortorujussuusarpunga. Sapinngisarali
tamakkerlugu arsaq ingalassimaniartarpara, tamannali uan-
nut ajornaatsuinnaaneq ajorpoq. Atuartut allat kamaattarpa-
annga peqataasinnaasanginnama, aammalu iligissallunga
arsartartupalaaviuvunga. Taamaammalliuna eqaarsaarneq/ti-
mersorneq amtskolemi 7. aamma 8. klassimi uannut kanngu-
narsaataasartoq, assullu ersiuutigisarpara pakatsisimassu-
tigisarlugulu, tassami qanorluunniit ilungersortigalunga
arsaannermut peqataaniaraluaraangama/malinnaaniaralua-
raangama tamanna ajornavittarpoq.

Akerlianilli atletik nuannarisupilussuuara, tassami sukkassu-
sissaq nammineq aalajangerumagaanni takannarsuaq, immi-
nullu taamaallaat unammisariaqarpoq. Aammami atletikker-
nermut pikkoreqaanga pissigarfissaallunilu arpaffissaammat.
Tamannamiuna nammineerlunga "hestiusaartillunga" sun-
giusartuartariga aammalu soqutigisarigiga. Eqaarsaarnerli
arsaaffiukkajummat naggataagut angajoqqaama kimigiisil-
laqqinneratigut eqaarsaartunut peqataasarunnaarpunga naak
ilinniartitsisut akuersaarluanngikkaluaqisut, takusinnaann-
gilaammi eqaarsaarneq qanoq uannut ajornartorsiutaatigiler-
simasoq. Aamma Friskolemiillunga eqaarsaartanngginnissara
akuerineqarpoq, tassanili nalunnguartarpugut, nalunnguar-
nerlu nuannariuaannarsimavara. Arlaqanngitsuinnarnik
ukioqarlungali nalunneq ilikkarpara, tingisaattarfimmiillu

pissinnissara ersiginngisaannarsimavara, tingisaattarfimmiit 5-meterinik portussusilimmiit pissinneq uannut soqutaanngivippoq. Gymnasiami maanna atuarfigisanni eqaarsaarneq immikkut qinigarisimanngikkaanni eqaarsaartariaqanngilaq, assut nuannerpoq.

Isumaqarpunga hiistertarnera pissutigalugu assorsuaq aalassarinnerulersimasunga, napaniallaqqinnerulersimasunga aammalu avatinnik aqutsillaqqinnerulersimasunga, aammattaaq periataallaqqinnerulersissimaqaanga, tassami soorlu hiistertarfimmi qarsutassanik qarsuaassagaanni periataallaqqinnissaq pisariaqaqaaq.

Aamma sumik arlaannik pissuteqartumik periataallaqqissusera allanngortarpoq hiistertinnanga aalaniarsarigaangama, immaqaliuna ilikkarsimasakka allamut nuunneq ajorakkit taamaattunga. Soorlu, pisukkaangama sukkassuseq ataasiinnaq atortarpara, tassa kigaatsumik ingerlasarlunga. Ilumoortumillu naluippara sooq sukkassuseq ataasiinnaq pigineriga, isumaqartarsimagunarpungali sukkanerusumik pisuttariaqartanngitsunga, aammalu kigaatsumik pisukkaangama iluarinerusariga. Ilaanni 500 kr.-imik nassaarpunga kigaatsumik sikingallungalu pisuttarnera pissutigalugu. Suut nassaarisinnaasarnerikka killeqanngilaq. Aatsaat 1999-imi aasaagaa pisutsillunga tuaviusukaarnerulersinnaanera ilikkarpara, taamani Sjællandip avannaani aasarsiorpugut anaanagalu illut akornanni assut pisuttuaqatigisarpara.

Aasarsiornerup kingorna, gymnasiami atualerama, sapaatip akunnera siulleq Maribomi annanniarneq/misigisassarsiorneq misilipparput, taamanilu tassa tuaviusukaarlunga pisunneq aatsaat ilikkarpara, taamanilu atorfissaqarteqaara. Misigisarpungali assut qasusarlunga ilungersuavallaalersarlungalu, tassami taama sukkatigisumik pisunneq, taamalu nammataqartigalunga, sungiusimanngilluinnarpara. Niaqqunni millugussimasutut ittoqartarnera iluamillu anerteriniarnera ajornartorsiutigilerpakka. Kingorna qaammatini marlunni tulimaakkut saamerlikkut naqisimasoqarpoq. Napparsimaviliaatigaara siornagummi niaqqunni millugussimasutut ittoqartarnera ajornartorsiutigisareerpara, maannalu paase-rusulerpara suusimanersoq. Nakorsat isumaqarput qamuuna atukkannik pissuteqarsimassasoq, aammalu ulapaarsima-vallaartunga, siunnersorpaanngalu atuarfimmi suliassakka ilungersuuppallaarunnaaqqullugit aammalu eqqissimane-rulaaleqqullunga. Taama oqarnerat uppererpianngeqaara, millugussimasutummi niaqqunni ittoqartarnera nutaajunn-gimmat, aammalu sila kiakkaanngat ajornerusorisarakku silap nillataarneraniit. Ullumikkut nalornissutigeqaara suna ilumoortuunersoq. Ilami naluippara, niaqqunnili suli mil-lugussimasutut ittoqartarpunga qangatulli akulikitsiginngit-sumik, ilaannilu allanit ajornerusarluni.

Minnerugallarama isiga talerpilleq matuneq sapertarpara saamerleq matoqqaartinnagu. Akerlianilli saamerleq matu-sinnaasarpara talerpilleq matunngikkaluarlugu. Talerpilliup kisiat matunissaa assut sungiusarpara, ajornaveqaarli. Nag-gataagut anaanaga isumassarsivoq, tassa isinnut talerpiller-mut aningaasaq ilisassavara kiggunniartarlugulu. Taamaali-utsiareerlunga isima talerpilliinnaap matunissaa ilikkarpara. Taamaalinerani 13½-inik ukioqarpunga.

Nappaatima suussusersiniarneqarnera

1988

Pillorissaasumiippunga (ergoterapeut), malugissutsinnik ataatsikkut atuisinnaassusera misissorneqarluni. Tunngavissaqarlutik paasiniaanerminni paasisatut oqaatigaat: Paasisaq imaappoq (...) malunnarpoq oqimaaqqatigiinnermut/napaniarnermut malugissutsimini, malugissutsimini/attorneqarnermut malugissutsimini kiisalu naggussamini/nukimmini malugissutsini ataatsikkoortitsiniarneq ajornartorsiutigigai. Qeqqarinniarluni periataarsinnaanera aammalu oqimaaqqatigiinnermut qisuariarsinnaassusia ukiuinut naleqqutinngillat, aammalu Sagap timimi affaasa marluk ataatsikkut atorniarneri ajornartorsiutigisarpai. (...) tusaaniarnerminik ajornartorsiuteqarpoq.

1988

Nykøbing Falsterip qitiusumik napparsimaveqarfiani meeqqanut immikkoortortami nakorsaanermukartinneqarpoq autistiusorineqarmat oqajuitsuusorineqarmallu.

1989

Næstvedip qitiusumik napparsimaveqarfiani meeqqat tarnikkut misissorneqartarfiat. Tassungartinneqarpunga suli oqajuitsuusorineqarama autistiusorineqaramalu. Inerniliineranni ilaatigut oqaatigineqarpoq: ... niviarsiaraq 6,5-inik ukiulik, nalinginnaasumik silassorissusilik, oqaatsinik atuiniarnermi ilaatigut aammalu isiginiarnermi ilaatigut sunik tigussaannginnerusunik paasinnikkumaataartartoq, qularnanngitsumik qaratsamini aalajangersimasukkut ajoqusersimanini pissutigalugu. Aamma Saga oqaatsimigut inerilluarsimavoq marluinnaaqatigalugu attavigineqarluarsinnaalluni, katersorsimasulli amerlanerulaartillugit oqaatsiminik atuisarani. Pinnguartillugu malinnaaffigineratigut aammalu titartaatinneratigut autistiusorineqarnera ilimagineeruppoq.

1995

Meeqqat tarnimikkut misissorneqartarfianni aammaarlugu misissorneqarmat ilaatigut paasisatut oqaatigineqarpoq: "Niviarsiaraq silassorippallaanngitsoq, tarnimigut maluginiagassartaqanngitsoq, kisiannili assorsuaq inerisimanngitsoq angajoqqaaminullu misigissutsikkut atavallaartoq (...) Siusinnerusukkut timimigut ajornartorsiuteqarneranut ersiutai maanna annerusumik minnerusumilluunniit tammarsimapput, tassa isigisaminik paasinnissinnaassusia eqqarsaatigalugu. Saga misissorneqarnermini assut ittoorpoq matoqqallunilu, inuttulli qanoq issusianik misissuiffigineqarneratigut takuneqarsinnaavoq misissorneqarluni qanoq innerminit misigissutsikkut attaveqarsinnaanikkullu piginnaasaqarnerugaluartoq." Nappaataata suussusia imatut oqaatigineqarpoq: "Piginnaasani aalajangersimasuni akuleriissunik ineriartornikkut akornuteqartoq. Inoqatersornermini erseqqissumik taaneqanngitsunik akornutilik.

1996

Center for Autisme. Perorsimassutsikkut tarnikkullu misissorneqarpunga, paasineqarporlu naalungiarsuuninnit autistiusunga. Ataatsimulli isigalunga oqaatigaannga niviarsiaraasunga autistiusoq piginnaasaqarluartoq.

Uanga nammineerlunga 1988-imi misissorneqarnera eqqaamasaqarfiginngilara, aamma 1989-imi Næstvedip qitiusumik napparsimaveqarfiani misissorneqarnera annikitsuinnarmik eqqaamasaqarfigaara. Eqqaamavarali inummik titartaasussaasunga. Taamaaliorpungalumi. Titartaavungalu "inummik" atilimmik, soorlu titartarnissaa ilinniarsimagiga, ilumoortuusorli tassaavoq titartakkap inummut piviusumut attuumatinneqarnissaa ilisimannginnakku. Inuimmi piviusut taama ittuusutut isigisanngilakka. Inuit tassaatippakka suut sukkaqisumik aalasartut, tarrat tarrajuttut, titartakkallu inuiit assiginngilluinnarpai, taamaammat taakku marluk imminnut attuumatissinnaanngilakka. Kingorna paasivara titartagara "inuk" tunngavigalugu naliliisoqarsimasoq autistiusinnaanngitsunga, inummimmigooq titartaasinnaagama.

1995-imi misissorneqarnera eqqaamasaqarfigineruara. Eqqaamasara siulleq tassaavoq angajoqqaakka uangalu utaqqisarfimmiittugut, taavalu tassanngaannaq arnaq aappillarissuarnik nujalik aalluta anillappoq. Anillariataarnersua nujaalu aappaluttut assut tuppatigaakka. Taava uanga psykologimut isertitaavunga, angajoqqaamalu "aappalaartunik nujalik" ilagissavaat. Psykologimiitsillunga eqqaalerpara ersigisariaqanngikkiga uattummi eqqumiitsigimmat. Taava assilissat pilikkimik simernillit 35-it uannut tunniunneqarput oqaluttuarissavakkalu suusorinerikka (taamanerniit taama ittunik tunineqaqqinnissara ersigilerpara). Suusorinerikka iluamik oqaatigisinnaanngilara, sumulluunniimmi assingutinngilluinnarpakka. Taakku naammassigakkit assit sunik arlaannik pisunik assiliartallit uannut tunniunneqarput, oqaluttuariniartussaavaralu susoqarnersoq. Aamma taamani inummik titartaaqquneqarpunga, maannali ilisimalersimavara inuimmik titartaasussaasunga. Titartagara kusanarpallaanngeqaaq, ilumulli siunertarisamut naapertuuppoq. Aamma eqqaamavara aperigaanga nukatsitaanersunga. Apeqqut taanna kingorna aamma atuarfiup psykologiinit uannut apeqqutigineqartarpoq. Ila apeqqut sunaana? Nukatsitaanersunga? Qanoq ilillunga akisinnaagakku? Misigaanga atorfissaqartitakka pisarlugit, aamma atorfissaqartitsiunnaaraangama, taava tassa tamanna nukatsitaassusermut ersiutaassava?

Perorsagaanikkut tarnikkullu misissorneqarnera Center for Autismimi 1995-imi pisoq tamangajaat eqqaamavara. Assut nuannersutut isigaara, inuillu tassani ittut assut toqqissisimanaralugit. Eqqaamavara Demetriousip oqarfigigaanga annilaangasariaqanngitsunga tassamigooq "pitsaasorujussuugamik". Soorunalumi kingorna ilumoornerarsinnaanngorpara. Ilumut pitsaaqaasi. Naluara angajoqqaakka uangalu Center for Autismeqarsimanngikkaluarpat qanoq iliorsimassagaluarnersugut, taamaammat qutsavigingaarpassi. Misissorneqarninni namminermi allanik eqqarsaateqarpallaann-gilanga/misigissuseqarpallaanngilanga. Suliassammi uannut suliareqqusaasut ulapputigeqigakkit.

Misissorneqarninnit nalunaarusiarineqarsimasoq ilanngun-niarlugu aalajangersimavunga, tassuunami ersermat meera-anerugallarama autistiullunga qanoq issimanersunga.

Pillorissaasup 1988-imi nalunaarusiaa

Saga ataani atsiortumit misissorneqarpoq angajoqqaavisami aammalu meeqqeriviup ineriartornera annilaanngatigim-massuk. Atualernissaralualu ukiumik ataatsimik kinguartin-neqarpoq.

Misissuinermut tunuliaqutaasut

Saga aalassarluttuullunilu pussuluttuuvoq. Napaniar-nini ajornartorsiutigalugu aalasarpoq aammalu assut mianersortarluni sumik arlaannik iliuuseqarniartilluni. Eqqarsaatimi sumut ataatsimut sammisaminut eqiter-niarneri ajornartorsiutigisarpai aammalu oqaatiginiak-kat kikkunnut tamanut atuuttut paasiuminaatsittarpai. Meeqqerivimmi oqallorissaasumit misissorneqarsi-mavoq.

Siusinnerusukkut siutit nakorsaannit misissorneqarsi-mavoq, taannalu isumaqarsimavoq tusaaniarnera na-linginnaasuusoq. Pisinnaassusia allanngorartaqaaq.

Misissorneqarnermini pissusilersornera

Sagap eqqarsaatini ataasiinnarmut katersortikkumina-atsittorujussuuai aammalu oqaaserisakka paasiumana-atsittarlugit. Oqaaseqatigiit naatsuaqqat pisariitsullu atorlugit ilitsersuuttariaavoq, oqaatsikkalu uteqatta-artariaqartarpakka.

Misissuinermi paasisat

Oqimaaqqatigiinnermut/napaniarnermut malugissusia - kaajaallakkiartortittarlugu misissuinermi isai malinnaasinnaanngitsut malunnarsivoq. Saga uissanngulaaginnarluni misigivoq. Nissumi illuinnaanik nikuilluni isini ammatillugit matoqqatillugillu misissorneqarami allatulli ittuuvoq. Akerlianilli periataartartilluni napaniallaqqippallaanngilaq (arpalluni, pissigarluni, naanngisarluni, tummeqqatigoorluni). Taagorneqarnereersut aammalu arnaata Saga biilertilluni merianguleqqaajaasarnerarlugu aammalu karrusselimik kaavitsilluni napparsimalertarnerarlugu oqaluttuarnera tunngavigalugit malunnarpoq kaajallakkiartornermut malugissutsimigut ajornartorsiuteqartoq.

Attuinermut/attorneqarnermut malugissusia - Saga tallimigut inussamigullu attorneqaraangami sukkorpiaq attorneqarnerluni paasineq sapingajappaa aammalu pinngussat assigiinngitsunik ilusillit sattarlugit suuneri ilisarilluarsinnaanngilai.

Naggussamigut/nukimmigut malugissusii - aamma taakkunuuna ajornartorsiuteqartoq takuneqarsinnaavoq, tassami timimi qanoq inissisimanera isini atorlugit takusinnaanngikkaangamiuk avatimi sumiinneri paasilluarneq saperpai.

Takunnissinnaassusia - isiminik assaminillu ataqatigiissaarisinnaassusia kiisalu ilutsinik issuaasinnaassusia amigaateqarpoq. Akerlianilli suut arlaat saarliunersut tunorliunersullu aammalu inip iluani suut sumiinnersut taamaaqatimisulli paasisinnaavai.

Aalaatsimini pilersaarusiorsinnaanera (aalaatsinik ilikkareersimanngisaminik pilersaarusiorsinnaassusia naleqquttumillu pilersaarutini malillugit aalasinnaassusia) - Tamakku naammaginartuusut paasineqarpoq.

Timimi affaasa marluusut atornissaannik pilersaaru-siorsinnaassusia (timimi affaanik marluusunik ataqati-giissaarisinnaassusia) - Sagap timimi affaasa marluusut aalatinniarnerinik ataqatigiissaarineq ajornartorsiutigaa aammalu imaaliinnarluni tallini paarlatsinniartanngi-lai. Soorlu, pinngussamik nerrivimmi talerpia tungimi-niittumi tigusissagaangami talini talerpilleq atortarpaa, timimilu saamia-tungaaniittut saamimminik tigusarpai talini atornerusani (talerpini) atornagu. Tamatumuu-nakkut malunnarpoq taleq sorleq atornerussanersoq suli inissilluarsimanngitsoq.

Misissuisarfimmi misissuinerit

Isiminik aqutsisinnaassusia - Sagap suut arlaat isiminik malinnaaffigilluarsinnaanngilai, aammalu niaqqi tama-at malinnaatinnagu isini aalatilluarsinnaanagit.

Qeqqarinnermut periataarsinnaassusia napaniarlunilu qisuariarsinnaassusia - Taakkunuuna taamaaqatini as-sigingajavippai.

Pussukisaarsinnaassusia - Tassani takuneqarsinnaavoq talliminik sukkasuumik aalatitsisarnera pussukisaar-sinnaassusialu taamaaqataanut nallersuutinngitsut.

Aalassarissusia - Saga timini kaavitilluarsinnaanagu assakaasarpoq. Paarmortarpoq aalassarlulluni. Arsaq angisooq pakkullugu tigusarpaa, tassa ukiuminut nale-qqutinngitsumik, aammalu napaniartilluni ajornartor-siortarpoq.

Inerniliussaq

Misissuinermi paasisat naapertorlugit malunnarpoq oqimaaqqatigiinnermut/napaniarnermut malugitsimi-ni, malugissutsimini/attorneqarnermut malugissutsimini kiisalu naggussamini/nukimmini malugissutsini ataatsikkoortinniarneq ajornartorsiutigigai. Qeqqarinniarluni periataarsinnaassusia aammalu napaniarluni qisuariarsinnaassusia ukiuinut naleqqiullugu inerilluarsimanngillat, aamma Sagap timimi affai marluusut ataatsikkut atorluarsinnaanngilai. Aammattaaq isumaqarpunga tusaaniarnermini ajornartorsiuteqartoq.

Ajornartorsiutit taaneqareersutut pissuseqartut Sagap aalaniarnermini eqqarsaatiminillu ataatsimut eqiteriniarnermini ajornartorsiorneranut pissutaasinnaalluarput, tassami timiminik, aalasarneranik aammalu avatangiisinut naleqqiullugu inissisimaneranik paasinninnera eqqorluarunnaartarput, tamakkulu aamma aalanermut mianersortarneranut/ersisarneranut pissutaasinnaapput aammalu avatimini pisunik paasinnilluarsinnaannginneranut pissutaasinnaallutik.

Katsorsarneqareernerup kingorna pillorissaasup nalunaarusiaa

Saga ukiup affaata kingulliup ingerlanerani assorsuaq siuariarsimavoq nukimminik atuisinnaassusermigut, oqaatsimigut, eqqarsaatiminik katersuisinnaassusermigut aammalu inoqatersornermigut, naak suli ajornartorsiuteqaraluarluni.

Nukimminik atuisinnaassusia - Nukimminik atuinermini assut killeqannginnerulersimavoq aammalu pinnguarnermigut/suliaqarnermigut imminut misigiligarnerulersimalluni siornagut tunuarsimaarfigisimasaraluaminut. Taamaattorli napaniarnera suli patajavoq, aammalu aalanera timimi affaanik marluusunik ataqatigiissitsiniarnerlunneranit sunnersimaneqarpoq.

Oqaasii/tusaaniarnera - Saga oqaluffigineqaraangami paasinnianerulersimavoq, taamalu oqaatsitigut pisinnaasaqarnerulersimalluni.

Eqqarsaatiminik katersuisinnaassusia - Suli ukiuminut naleqqutinngitsumik eqqarsaatiminik katersuisinnaassuseqarpoq, naak suli tamanna sapinnginnerulersimagaluarlugu.

Inoqasersornera - Saga meeqqerivimmi sapiinnerulersimasutut ippoq aammalu itigartitsisinnaalersimavoq suut tamaasa akuersaaginnarnagit. Tamannalu aamma angerlarsimaffiani malunniussimavoq piuminaalluinnarsinnaasarluni.

Inerniliussaq

Sagap katsorsarneqarnini assorsuaq iluaqutigisimavaa, naak suli nukimminik atuinermigut, tusaaniarnermigut, eqqarsaatiminik katersuiniarnermigut aammalu pissusilersuutimigut ajornartorsiuteqaraluarluni.

Perorsaanikkut- tarnikkut misissuineq 1996

Center for Autisme angajoqqaavinit attavigineqarpoq, kissaatigimmassuk panitsik 13-inik ukiulik nutaamik misissorneqassasoq nappaataa suussusersiniarlugu. Angajoqqaavisa misissuinernit nalunaarusiat/napparsimavinniit makinnerani allagartat assigiinngitsut nassiuppaat.

Tunuliaqutaq

Saga ukiut siulliit pingasut angerlarsimaffimmi ata-
atamigut aanaminit paarineqarpoq. Marlunnik uki-
oqarnerminiit arfinilinnik affarmillu ukioqalernissami
tungaanut meeqqerivimmiittarpoq. Taamani malugine-
qartarpoq meeqqerivimmiitsilluni oqalunneq ajortoq,
angerlarsimallunili oqalussinnaasoq. Ikioqquneq ajor-
poq soorlu ajornartorsiuteqartilluni arlaannilluunniit
pisariaqartitsitilluni. Meeqqerivimmi malugissutsimi
ataatsikkut atornissaannut sungiusarneqarpoq, timik-
kut pikkorissarneqarluni aammalu oqallorissaasumik
tapersersorteqarluni.

Sagap atuarnini aallartippaa "amtsskolemi", taanna
tassaavoq meeqqat ilikkarniarnermikkut assigiinn-
gitsunik ajornartorsiuteqartut atuarfiat. Qulingiluanik
ukioqarluni atuarfimmi nalinginnaasumi atualerpoq,
aappaaguanili atuarfimmut nalinginnaasumut allamut
nuuppoq kingornali 10-11-inik ukioqarluni amtsskole-
mut nooqqilluni.

Angajoqqaavisa Saga niviarsiaqqatut ilaanni matoqqaf-
feqartartutut ilaannilu ammaffeqartartutut oqaluttua-
raat. Angajoqqaavisa oqarnerlutsiarneri matunermik
kinguneqarsinnaapput. Ataatsikkut niviarsiaqqatut
sanngiitsutut tamanillu soqutigisaqanngitsutut pissu-
seqartarpoq. Sagap iluarinerpaasarpaa sammisamini
nuannarinerpaasani sammigaangamigit: tassa hiistit.
Ajornartorsiornerpaagaangami malunnartaqaaq, tassa
sanneqqalluni pisuttarpoq, pisunnera qeratasaqaluni
aammalu alaqqajaasarluni kiisalu niaqqi sangungatil-
lugu sikingasarluni.

Massakkorpiaq aarleqqutimittut angajoqqaavisa pinga-
arnerpaatut oqaatigaat panitsik inoqasersortuunngim-
mat, aammalu oqaloqateqarsinnaanngimmat. Saga

allatsilluni oqaatsit amerlasuut atortarpai, oqalukkaangamili oqaasikittuararsuusarluni. Avaqqutaariniutinik akikkajuttarpoq soorlu "naluara" aamma "immaqami taamaassinnaavoq".

Siusissukkut ineriartornera

Saga ukiut siulliit pingasut unnuakkut sininngilluinnangajattarpoq. Nilliaannavittarpoq qiaannavittarlunilu. Taava, tassanngaannaq ullormiit ullormut qiasarunnaarpoq taamanernillu qiaqqigani. Alussaat ajassaallu atorlugit neriumaneq ajorpoq. Nerisassat kissartut mamarinngilai saviminertalinnillu oqummiussiumasarnani. Takorluukkersaanngisaannarpoq, suulli ilisimasani atorsinnaasani kisiisa aalajangiusimasarlugit. Malunnaatit siulliit angajoqqaavisa aarleqqutigisaat tassaapput sunut tamanut kigaattarnera. Aamma mikigallaramili qulliit nakkuttarpai angajoqqaani pisiniarfinniikkaangata. Saga timiminik atuinermini nalinginnaasumik ineriartorpoq, soorluttaaq piffissaq nalinginnaasoq eqqorlugu perusuersartarnermigut eqqiluitsunngorsimasoq. Kisiannili meeqqerivimmiittalerami eqqiluikkunnaatsiaraluarpoq.

Attaveqartarnera

Saga oqaluttalinngikkallarami attaveqartarpoq angajoqqaani tigusarlugit suullu tikkuartortarlugit. Kingusissukkut oqaluttalerpoq, angajoqqaavisalu eqqaamanngilaat qangarpiaanersoq, tamannali nakorsaminnut oqaluttuarisimavaat. Pingasunik ukioqarluni oqaaseqatigiit pisariitsut atortarpai (assersuutigalugu "Taamaaliorsinnaava"). Oqaatigineqareersutut meeqqerivimmi oqaluttanngingajavippoq, nipilli amerlasuut atortarpai. Paasititsiniarnera oqalunniarneralu ajornartorsiutaanngisaannarsimapput, oqaluttarnerali suli ullumikkut pisariitsuuvoq ukiuminullu naleqqiullugu oqaatsit nalunartut atortanngilai. Nipitujaartumik oqaluttarpoq, meeraararpalungajattumik nipeqarluni. Telefonikkut oqalukkaangami pingasunik-sisamanik ukiulittut nipeqartarpoq. Sagap oqaatsit eqqortut nassaariniarneq ajornartorsiutigisarpai aammalu oqaatsit allanngorneri kukkusinnaasarlugit. Oqaaseqatigiit ilarpaalui ilaarsiinnangajalluni atortarpai, ilaannilu angajoqqaavisa oqaaseqatigiit namminneq atortakkatik atorai tusaasinnaasarpaat. Aamma ilaanni ittannerpaluttunik oqaaseqartarpoq. Saga oqaloqateqarumasarpoq, amerlanertigulli piffissani aalajangersimasuni, soorlu unnukkut innareertilluni. Sisamanik-tallimanik ukioqarluni ammanerulerpoq piittaanniakujuttalerlunilu. Oqaatigineqareersutut Sagap ilumoortumik oqaloqatiginissaa ajornakusoortarpoq, tassami apeqqutigineqartut kisiisa annermik akisinnaasaramigit nammineerlunilu oqaloqatigiinnermik ingerlatitseqqissinnaasarani. Inuit allat apersunngisaannarpai, inoqasersorneranilu tamanna tulluanngitsutut issinnaasarpoq inuit allat isummerfigineq ajormagit. Sagap imaaliinnarluni eqqartorsinnaasaa tassaavoq hiistertarnini.

Sisamanik-tallimanik ukioqarluni Sagap inuit allat issuanngisaannarpai meeqqat allat pinnguartillutik taamaaliortarnerat takussaasaraluartoq. Angajoqqaaminut nunarsuarmit allamit aggersutut ilaanni misinnartarpoq. Nutaamik biilitaarmata qanoq ammassallugu naluaa naak ammarnissaa nalunanngikkaluaqisoq. Sagap tikkuartuineq atortarpaa suna piumanerlugu oqaatiginiaraangamiuk. Tikkuartuineq atunngisaannarpaa suut soqutiginerlugit ersersinniaraangamiuk, angajoqqaani arlaanik sammisaminik takutinniaraangamigit. Ataatsimut isigalugu ussersunngisaannarsimavoq. Oqaasissani nassaarineq ajuleraangamigit eqqumiivissumik "assaasutut" pissusilersortarpoq. "Aap" oqaatiginiaraangamiuk anngaanngisaannarpoq, ileqimisaartortarlunili "naaggamut".

Sisamanik-tallimanik ukioqarallarmat oqaluffigiinnarlugu qiviartinneq ajornakusoortarpoq. Oqaluffigineqarnerminik ilumut paasinninnersoq qularnaarumagaanni aatsaat tamatigungajak isaatigut toqqarlugu isigisariaqartarpoq. Oqaaserineqartunik paasinninniartarnera allanngorarsinnaasaqaaq, amerlanertigut imminut oqaaserineqartut tamaasa paasisarpai, tassanngaannarli suarsunnguit paasinngitsooriataartarlugit. Tusaaniarnera angajoqqaavisa nalinginnaasutut isigaat, ilaannili nipinut ima qisuarianngitsigisarpoq allaat sisamanik ukioqartoq tusaaniarnera misissorneqartariaqarsimalluni.

Inoqasersornermini ineriartornera pinnguartarneralu

Sisamanik-tallimanik ukioqarluni Saga toqqarluni isigineqaraangami pissusia allaalaartuuvoq. Inuit iluamik takunagit nakkuttarpai. Inuillu allat aamma inussiarnisaarlutik qungujuffigigaanganni akineq ajorpai. Inussiarniikuluttutut pissuseqartarpoq, allalli illaqatigisinnaasarpai. Nammineq sanaanni (soorlu titartakkani) takutissorlugit nuannariuaannarsimavaa, mamakujuuteqaraangamilu agguaajumasarluni. Saga nuannaarnersoq takujuminaattarpoq, ilaannili angerlarluni atuarfimmi nersualaarneqarsimanini oqaluttuarisinnaasarpaa. Inuit allat amerlallutik misigissutsiminnik aniatitsinerinut sakkortuunut qisuariarneq ajorpoq, ikittunnguugaangatali qisuariartarpoq. Sagap allanik tuppallersaaniartarnera killeqaqaaq, namminerlu minnerugallarami attorluni tuppallersarniarneqarnerminut itigartitsisarpoq. Kiinni atorlugu misigissutsiminik ersersitsisarnera killeqaqaaq, soorlu sumik isumaqanngittuaannartutut ikkajuttarpoq. Minnerugallarami

aqutassaajunnaarluni pissutissaqarpasiganilu illarsin-
naasarpoq, pingaartumik qasusimatilluni. Saga sisama-
nik-tallimanik ukioqarluni angajoqqaaminut nippusi-
masorujussuuvoq.

Sagap sammissallugit nuannarinerpaasai tassaap-
put hiisterneq, skakkerneq, atuarneq, allanneq titarta-
anerlu. Pinngussat nuannarinerusai tassaanerupput
hiistit, inuusat barbiet aammalu "qillaaluttut". Imminut
pitsaasumik sammisassaqartittuaannarsimavoq. Sunut
nutaanut alapernaatsutut pissuseqanngisaannarpoq
takorluukkersaarlunilu   pinnguartalersimanngisaan-
narluni, kisimiilluni allanilluunniit ilaqarluni. Mikigal-
larami erinarsorluni pinnguaatit nalinginnaasut arni
kisiat ilagalugu pinnguaatigisinnaasarpai, meeqqalli
allat peqatigalugit erinarsorluni pinnguarneq ajorn-
artorsiutigiuaannarsimavaa. Nammineq oqartarpoq
"ajortittarluni", angajoqqaavisalu misigisarpaat Saga
puullaaqqilersartoq. Takuneqarsinnaasumik meeqqa-
nut allanut soqutiginnittutoqaasimavoq aammalu
ilaanneeriarluni meeqqat allat saaffiginninneri ajunn-
gitsumik tigusarpai peqataaffigisinnaasaminik pinn-
guarnialeriaraangata. Ataatsimut pinnguarnerit eqqar-
saatigalugit attortaanneq tassaavoq ingerlaannavilluni
peqataaffigisinnaasagaa. Ullumikkut peqatiminik suli
ikinnguteqalersimanngilaq. Niviarsiaqqamilli ilisarisi-
masaqarpoq peqatiginnikkumasartumik. Imaanngilaq
tatigeqatigiivillutik attaveqatigiittut, ataatsimoorlutilli
sammisaqartarnerat malunnaateqarneruvoq. Saga al-
laffigisartagarpassuaqarpoq.

Soqutigisai pissusilersortarneralu

Sagap hiistit soqutigiuaannarsimavai, ilaannilu taman-
na ingasaatitsiartarpaa. Minnerugallarami hiistit al-
lorarneri issuartarpai. Inuunermi 95%-ia hiistinut ator-

paa. Ullumikkut hiistit pillugit ilisimasalerujussuuvoq, hiistit suussusiini aammalu qulaassugaqarluni unamminermi malittarisassanik. Siusinnerusukkut hiistiusat pinngussat katersukkani uteqattaartumik assigiikkajaaginnarmillu pinnguarisaraluarpai: Ineeqqami pisariusumik ilusilerlugit inissitsitertarpai aalajangersimasumik sammivilersorlugit. Aamma siniffimmini akitsimini iloqqasunngorlugit iliorartarpai. Soorlu oqaatigineqartoq mikigallarami pisiniarfinni qulliit nakkuttarpai. Allat malugingaarneq ajoraluaraat angajoqqaavinut tamanna malunnartaqaaq. Aamma suut arlaat kuniorlugit naammaniartarpai.

Saga siornagut nipit sakkortuujunngitsut nuanninngitsumik qisuariarfigisarpai, soorlu aviisip qupperarneqarpalunnera. Nilliassutigilersinnaasarpai. Aamma nipilersuutit erinarsuutillu nuannarisarinngilai.

Ataatsimut isigalugu inoqasersornermini, allanut attaveqarnermini, pinnguartarnermini allaassuteqarpoq imaluunniit inerisimanngissuteqarluni aammalu soqutigisaasa killeqarnerat kiisalu uteqattaartumik pissusilersortarnera takussutissaqarpoq, tamakkulu ima malunnartigipput meeraaraallunili autistinngorsimaneraanissamut naammallutik.

ADOS (autisme diagnostisk skema (autismimik misissuinermi immersuiffissaq)

ADOS tassaavoq inuk sammisaqaqatigalugu misissueriaaseq (pinnguarnikkut oqaloqatiginninnikkullu), misissuisup misissorniakkani sammisarlugu attaveqarfiginiartarlugulu. Aamma aaqqissugaanerusumik "apersuisoqartarpoq", tassani misissuisup misissorniakkami inuit akornanni misigissutsit pillugit paasinnissinnaassusia ilisimasaqassusialu paasiniartarpai.

Aallarniutigaarput iliorartakkanik ilusilersuineq, tassa

Sagap iliorartakkat saalimasumi ilusilersorlugit ilio-
rassavai. Sagap iliorartakkat ilusilersorlugit naammas-
siniagassai amigaateqarput, Sagalu ilisimatinneqarpoq
pisariaqartikkuniuk iliorartakkanik amerlanerusunik
pisinnaasoq. Sagap iliorartakkat tunniunneqarsimasut
nungukkamigit nerrivimmiit nammineerluni iliorartak-
kanik tigusivoq suliassanilu naammassillugu.

Suliassaq tulleq tassaavoq "oqaluttuarneq". Saga atuak-
kamik tunineqarpoq isiginnaariarlugulu oqaluttuarissa-
vaa. Sivisuumik atuagaq isiginnaarpaa. Oqaluttuarnera
aallaqqaammut nangaarpalukkaluarpoq, oqaluttuarli
ataqatigiinneruleriartorpoq. Sagap quianartortai taku-
sinnaavai, oqaluttuarnerminili suut avatangiisit tigus-
saasut sammineruai.

Taava Saga assilissamik oqaluttuarisassaminik tunine-
qarpoq. Assilissamiipput hiisterlutik nakkarnaveersa-
arlutik unammisut, Sagallu malugipallappai. Tassan-
issaaq avatangiisit tigussaasut oqaluttuarai, aatsaallu
aperineqarami Sagap inuit assilissamiittut isummerfigi-
nialerpai.

"Ussersornermi" Sagap takutittussaavaa qanoq kigu-
tit salinneqartarnersut. Takutitsinermini oqaatsit ator-
neruai annikitsumik kingornagut ussersornertalertar-
lugit.

Taava Sagap "titartakkat" misissuataartussanngorpai
oqaluttuareqqillugillu. Tamatumani paasiniarneqarpoq
qanoq oqaatsini oqaatsillu atornagit ersersitsiniartarni-
ni tapertariissillugit atorsinnaanerai. Sagap titartakkap
inuttai pineqartut ilisimariinngilai, qanorlu pisoqarnera
ersitsumik takusinnaanngilaa - inuttaatami aappaata
aappi piaaralugu qinngasaarpaa. Oqaluttualiaq ataqa-
tigiissumik oqaluttuaraa isumaqarlunilu quianartor-
taqartoq. Oqaatsit atornagit ersersitsiniangaanngilaq,
ataasiakkaanik talersulaaginnarluni.

"Oqaluttualiorit" Sagap peqataaffigilluarpaa. Siuller-
mik isiginnaarpaa misissuisini suut mikisunnguit 14-it
aallaavigalugit oqaluttualiortoq. Taava tallimat Sagap
toqqarpai, nassaarniallaqqillunilu ataqatigiissillugit.

Misissuinerup ingerlanerani oqaloqatigiilluni paaseqa-
tigiinniarneq misilinneqarpoq. Illua-tungeriit tamarmik
peqataaffigisaannik oqaloqatigiinneq ingerlakkumina-
appoq Sagami imaaliinnarluni ilisimatitsisanngimmat
aammalu misissuisimi oqaluttuaa pillugu apeqqute-
qarneq ajormat. Taamaammallu apersuissappat oqa-
loqatigiinnerup ingerlatiinnarnissaa pisariaqarpoq.
Saga qassissunnguariarluni nammineq iliuuseqarpoq
- eqqartukkamik aallaaveqartumik - nammineq misigi-
simasaminik oqaluttuarluni.

Sammisat aalajangersimanerusut tunngavigalugit, so-
orlu misigissutsit assigiinngitsut, ikinngutigiinneq, atu-
arfik/sunngiffik aammalu siunissaq pillugit apersuineq
ingerlanneqalermat Sagap oqaatigisai killeqaqaat, erse-
qqissaaneq assersuuteqarnerlu ajornartorsiutigisarami-
git.

Saga oqaluttuarpoq ulluni taakkunani atuarnini nuan-
narigini. Ullulli ilaanni makinniarneq ajornartorsiuti-
gisarpaa atuarfillu qasunarilersarlugu ullut tamaasa
assigiinnik pisoqartarmat. Atuartitsissutit nuannariner-
paasai tassaapput qallunaatoorneq ilusilersuinerlu. Sa-
gap meeqqat allat assortuuteqatiginngisaannangajap-
pai isumaqatigiinnginneq nuannarisarinnginnamiuk.
Aamma qaqutiguinnaq angajoqqaani isumaqatigiun-
naartarpai, taamaaligaluaraangamillu erniinnaq ikinn-
gutigeeqqilersarput. Sagap pisut aalajangersimasut
nassuiarneq ajorpai, pingaarnerinnaalli oqaluttuarisar-
lugit. Isumalunneq ajorpoq nuannaanngittaranilu, ilua-
risimaartuuvoq - nipaalluni eqqissillunilu kisimiittarl-
uni. Atuarfilli qasunarsigaangat nuannerunnaartarpoq,

taava oruloqqajaalersarpoq - "taavalu kikkut tamarmik naveerneqaannartarput". Tamanna qaqutigoortuuvoq - "taarsiulluguli ataqqineqalersarput". Ikinngutit pillugit Saga oqarpoq tassaasut ullut tamaasa ilagissallugit eqiananngitsut. Sunngiffimmi Saga hiistertarpoq hiistinilu paarisarlugu. Allattaqaaq allakkanilu titartagartalersortaqalugit. Aamma allaffigisartagarpaaloqarpoq.

Aperineqarami suut nuannaalersittarneraani oqarpoq: "assigiinngitsut". Apereqqinneqarami oqarpoq soorlu ikinngutimi takullattaalersimasami pulaartarnera nuannaalissutigisarlugu. Tamatumani Sagap oqaluttuarisinnaanngilaa nuannaarneq qanoq misinnarnersoq, oqarpoq nalunaqisoq, nuannaaraangamili annilaanganeq ajorpoq ajunngitsumillu misigisimasarluni. Saga ersivallaartanngilaq, oqaluttuaraali hiistimit nakkarami quarsaarsimaqaluni. Atuarfimmi ajornartorsiuteqaraangami aarleqquteqartutut misigisinnaasarpoq sininnerlu ajulersarluni. Ilaanneeriarluni Saga nikallungasarpoq. Taamaannera allat takuneq ajornakusoortittarpaat toqqortortarmagu. Allat nikallunganerat takusinnaasarpaa aliasuppaluttarmatagooq.

Saga oqaluttuarpoq pisariaqartitani pisarlugit, taamaammallu aningaasanik kaasarfimmiussaminik pineq ajorpoq. Aasaaneranili atuanngiffeqarnermini paarnanik piiaalluni aningaasarsiulaarnissi takorloorsinnaalluarpaa. Aningaasat sumut atussanerlugit pilersaaruteqanngilaq. Angerlarsimaffimminiit allamut nuunnissaq pineqalermat Saga (aamma illarluni) oqarpoq angajoqqaani qatsukkunigit imaluunniit 18-inik ukioqaleruni nuukkumaarluni. Takuneqarsinnaavoq paasisinnaagaa nuunneq kiserliornarsinnaajumaartoq ilassaqartassanniginnamimi. Saga atuarfimmi anitsiartillutik ilassaqanngikkaangami kisermiusinnaasarpoq. Ilami anitsiartarneq nuannarinngilaa. Kammalaateqarpoq ilagisinnaasaminik, taannali piittaappallaartarpoq, taavalu Saga tunuaannartarpoq.

Siunissaq pillugu Saga oqaluttuarpoq sunngorusunnini pillugu isummani ullormiit ullormut allanngorartartut. Allattarusuppoq - atuakkiortuulluni, atuagaateqarfimmiuulluni imaluunniit palasiulluni. Naluaa qanoq ililluni atuagaateqarfimmiunngortoqartartoq palasinngortoqartartorluunniit.

Misissuinerup ingerlanerani Sagap inoqasersorsinnaassusia, attaveqarsinnaassusia pissusilersuutaalu allat nalinginnaasumik naliliiffigineqarput. Tassani paasivarput inoqasersornerup aqunneranut ilanngullugu isikkut toqqarluni isiginnittarneq, timikkut pissusilersorneq ussersornerlu amigaataalluinnartut. Aamma inoqasersornera akisarneralu amigaateqarput illuinnaasioqigamik, aammalu misissuisorlu peqatigiinnerat annermik misissuisup siulliusarneratigut aatsaat ersarissisarpoq. Sagap allat atugaannut misiginneqataanissi ajornakusoortippaa, soorluttaaq misigissutsini nalinginnaasumik isiginiarneqartartunit annertunerusut oqaasertaqartinniarneq ajornakusoortikkai.

Peabody Picture Vocabulary Test

Peabody Picture Vocabulary Test tassaavoq oqaaseqassutsimik misissuineq, tassanilu assilissat sisamaasut arlaat tikkuarneqartarpoq. Misissuinermi tassani takutinneqartarpoq inuk qanoq oqaatsinik atunngisaminik atortakkaminillu toqqortaateqartiginersoq. Saga assilissat 104-t 120-usunit tikkuarsinnaavai, tassalu isumaliortaatsimini 16,7-nik ukiulittut piginnaasaqarpoq, tassa ukiuinut naleqqiullugu ilimagineqarsinnaasumit piginnaasaqarnerungaatsiarluni. Tassalu taamaalilluni Sagap qallunaatut (qallunaajugamimi, nuts.) oqaatsit patriark (ataataanerpaaq), respirere (anersaartorneq), detention (mattussisimaneq) aammalu sulky (annuataartoq) tikkuartorsinnaavai.

Theory of mind

Tassaniipput oqaluttuat pinnguaatit aammalu inoqaser-sornermut uuttuut. Atortut taakku atorlugit misissorne-qartarpoq inuit allat eqqarsaataannik, misigissusiinik siunertaannillu paasinnissinnaassuseq.

Oqaluttuat

Oqaluttuani Sagamut saqqummiunneqarput oqaluttuat assigiinngitsut 24-t, tassanilu takorloorniarneqassaaq oqaluttuat naatsut inuttaasa oqalunnermikkut iliuutsi-mikkullu suut siunertarineraat.

Inernerisut siunnersuutit sunut tigussaasunut tunnga-suusinnaapput (akissutit aalajangersimavissunut tunn-gasut), tassani akissutit ilumoorsinnaapput oqaluttualli inunnut tunngasortaanut attuumassuteqaratik - imalu-unniit eqqarsartaatsinut tunngassuteqarsinnaapput, tassa apeqqutit akineqarneranni inuit siunertaannik eqqarsaataannillu paasinninneq aallaavigineqassalluni. Qulequtarineqartut tassaapput takorluuisinnaassuseq, quiasaarneq, nipangiussineq, oqariaatsit, paasinerlui-nerit, sianiinaarinerit, quiassuaatiginninneq, kimitsini-arneq (sunniiniarneq), misigissutsit imminut assortuut-tut kiisalu puigutussuseq.

Sagap eqqarsartaaseq tunngavigalugu akisassat 20-eri-arluni eqqortumik akivai, eqqarsartaaseq aallaavi-galugu akisassat pingasut kukkullugit kiisalu suut tigu-ssaasut aallaavigalugit akisassani ataaseq eqqortumik akillugu. Angusat inuusuttut nalinginnaasumik piginn-aasallit angusarisinnaasaannut naapertuupput. Sagalli akissutai oqaasertamikkut imarisamikkullu qeratarpa-sipput ilisimariikkanillu tunngaveqarpasillutik.

Inoqasersornermut uuttuut

Tassani uuttuutit siulliit marluinnaat sammineqarput, tassa "sammisaqaqatigiinneq inuit allat pillugit takorluuiffiusoq" aamma "sammisaqaqatigiinneq inuit allat pillugit takorluuiffiunngitsoq". Uuttuutit pissusissaanngitsumik pissusilersornermut inoqatikkuminaannermullu tunngasut Sagamut atussallugit tulluarpasinngillat.

Ataatsimut isigissagaanni uuttuummi siullermi, allat pillugit takorluuinertalimmi angusat annikinnerutsiarput (23 point) uuttuutip aappaaniit (31 point). Taakkunani marlunni Sagap angusai assigiinngissuteqarpallaaratik inoqasersornerata ataatsimut isigalugu annikissusia takuneqarsinnaavoq.

Inoqasersornermut takussutissat, Sagap allat pillugit takorluuiffissai, ulluinnarni sapinngisai tassaapput: "tunissutissanik naleqquttunik toqqaaneq" (qaqutigut), "oqaloqatigeerujoornermik aallarniineq" (qaqutigut), "atuakkat filmillu tarnimut tunngasortaanik imaluunniit tamanut tunnganerusortaannik soqutiginninnermik takutitsineq" (ilaannikkooriarluni), "suut nutaaliaanersut akiminnullu naleqquttuunersut ilisimallugit (ilai), "isertugaq oqaatiginaveersaarlugu" (amerlanertigut).

Inoqasersornermut assersuutissat, Sagap ulluinnarni sapinngisai takorluuinermik atuiffigisariaqanngisai: "tullinnguunnissamut utaqqineq" (ilaannikkooriarluni), "qitiutitaaneq nuannaralugu" (taamaariarluni), "inuit aalajangersimasut tulaaqqavigalugit" (taamaariarluni), "arsaarneqannginniassagami iperatsaalisaqarluni" (akulikitsunik), "eqqaasinneqaraangami utoqqatsisarluni" (akulikitsumik) "nallukattarnerit/illersartornerit nalinginnaasut pinnguaatigalugit" (akulikitsumik).

Vineland Adaptive Behavior Scales

Pissutsimigut naleqqussarsimanerata ataasiakkaatigut nikingassuteqarujussuarnera takussaaavoq.

Attaveqarneq: qulingiluat missaannik ukiulittut, ukiuminut naleqquttumik allassinnaassuseqartoq, saqqumisumik ersersitsiniartarnerup tungaatigut appasinnerpaalluni, 4,11-inik ukiulimmut naapertuuttumik.

Ulluinnarni piginnaasat: arfineq-pingasut missaanni ukiulittut piginnaasalik, Sagammi illup iluani suliassat sapinnginnerpaavai, silarsuarmili avatangiisimini sapernerulaarluni (soorlu angallattut akornanni nalornisarpoq) aammalu imminut paarineq ajornartorsiutiginerpaallugu (timini misigissuseqarfigilluarnagu taamalu peqqissuunissi eqqiluitsuunissilu isumagilluarsinnaanagit).

Inoqasersornermut piginnaasai: pingasunik ukiulittut, Sagami inoqamminut attaveqarnikkut inerissimanngilaq, pinnguarnikkut soqutigisatigullu inerisimanngilaq. "Inuit akornanni malittarisassat" eqqarsaatigalugit, tassa inuit akornanni pissusilersuutissanik, inuit akornanni ileqquusartunik, malinninniarneq eqqarsaatigalugit Saga sapinnginneruvoq (arfineq pingasut missaanni ukiulittut).

Inerniliussaq

Misissuinerup matuma takutippaa Sagap siusis-
sukkut ineriartorsimanera aammalu massakkut
pissusilersortarnera, attaveqarsinnaassusia inoqa-
sersornerminilu pissusia ima nikingatigisut naalun-
giarsuulluni autistiulersimasutut oqaatiginissaannut
naammallutik. Toqqaannartumik malinnaffigigaanni,
Saga annertuumik inoqasersortillugu, soqutigisatigut
pissusilersornikkullu uteqattaartunik ileqqoqarnera
takussaanngilaq. Angajoqqaavisali apersorneqarnera-
tigut takuneqarsinnaavoq hiistinik soqutigisaqassusia
ima annertutigisoq imalu pissuseqartoq erseqqilluin-
nartumik oqaatigineqarsinnaalluni "soqutigisatigut kil-
leqangaalersimasutut", aammalu naak tamanna hiister-
tartut peqatigiiffianni atorluarsinnaagaluaraa. Sagap
silaqassutsimigut pisinnaassusia nalilerneqarpoq si-
laqassutsip nalinginnaasup appasinnerpaaffianiittutut,
oqaatsitigut piginnaasat piginnaaffiginerpaallugit aam-
malu takusinnaasatigut avatangiisitigullu aammalu
paasinnissinnaassutsikkut misilitsinnini ajornartorsior-
figinerpaallugit. Sagalli oqaatsitigut piginnaassusii ni-
keraqaat nipinik eqqaamallaqqissuulluni oqaatsinillu
amerlasuunik ilisimasaqarluni, kiisalu oqaatsit suussu-
siinik inissitsiterilluarsinnaassuseqarluni. Titartakkanik
tikkuartuisinneqartarnermini piginnaasai ukioqatimi
piginnaasaanit qaffasinnerungaatsiarput. Paarlattua-
nilli ilisimasassanik nalinginnaasunik ilisimasakissusia
takuneqarsinnaavoq aammalu isumalioriarsinnaassut-
siminik misilinneqarami, takorluuisinnaassutsiminik
atuisariaqalerami, angusai allanngoraqaat. Sagap at-
taveqarnikkut imminullu ikiorsinnaanikkut naleqqus-
sarsinnaassusia nalilerneqarmat takuneqarsinnaavoq
eqqarsartaatsimigut pisinnaasaminik atuinissi assut
ajornartorsiutigigaa. Pingaartillugu erseqqissarneqas-
saaq oqaatsini atorlugit ersersitsiniartarnini, nukittuf-

65

figisaminut, allassinnaassutsiminut, sanilliullugu ajorn-
artorsiutigeqimmagu.

Sagap inuit allat eqqarsaataannik, misigissusiinik si-
unertaannillu takorluuisinnaassusia sukumiinerusumik
misissorneqarmat takusinnaavarput angusarissaartar-
toq suliassat allaganngorlugit suliassiissutigineqa-
riaraangata. Akissutaali eqqoraluarlutik taamaattoq
ingasattajaagaarpasittarput eqqorsorisanillu uteqqiine-
rinnaarpasittarlutik.

Angajoqqaavi apersoratsigit paasi-
narpoq Saga ulluinnarni inoqasersortarnermini piginna-
asakitsuusoq aammalu eqqarsaatersortariaqarfiusumik
inoqasersortarnera annikitsuusoq. Allattariarsornikkut
angusarissaarnera allannermut piginnaasaqarlualersi-
maneranik nassuiarneqarsinnaagunarpoq allaqateqar-
nermi misilittagaqarfigilluaramiuk, allanilli ilaqarneq
misilittagaqarfigivallaarnagu.

Kiisalu Sagap suliassanik aaqqeeriarsinnaassusia er-
seqqissarumavarput, malunnarporlu periaasissaminik
allanngortitsinermut nutaanillu misileraanissaminut
piginnaaneqartoq. Kisiannili - misiliinermi matumani
- takuneqarsinnaavoq eqqarsarpallaarujussuartartoq
tassaluaasiit ingasattajaarilaartartoq imaluunniit an-
gisuunngortitsivallaartartoq taamaalillunilu pisunit
allanngorartumik sunnerneqarnerminit ajornanngitsu-
mik paatsiveerutsipajaarneqartartoq. Taamaaligaanga-
mi Saga periataarniartarpoq nalaatsornerinnaliorlunilu
aaqqiiniartarluni.

Ataatsimut isigalugu Saga niviarsiaqqatut pigin-
naasaqarluartuulluni autismeqartutut oqaatigiu-
mavarput. Oqaatsitigut ajornartorsiuteqarsimavoq
sulilu ajornartorsiuteqarluni, annermik oqaatsinik
nassaarniarnermini ajornartorsiortarneratigut, oqa-
lulluni erseqqissuliorsinnaannginneratigut aammalu
inerisimarpalunngitsumik oqariartaaseqarneratigut

malunniuttartunik. Allatsilluni imaqarneroqisumik allanngorarneroqisumillu oqaatsiginiakkani ersersissinnaavai, piginnaaninilu tamanna allaqateqartarluni inoqasersornerminut atortarlugu. Tamatumali ulluinnarni iluaqusingaarneq ajorpaa, inuit ingerlaannavissumik attaveqarfigisariaqartartillugit.

Autisme sunaava?

Autisme tarnikkut innarluutini tamani ilisimatusarfigilluagaanerpaavoq, 1930-ikkunniillu USA-mi ilisimatusarfigineqartarsimalluni, taamaakkaluartorli innarluut taanna upperisapalaanut sunullu paasiuminaatsunut attuumatinneqartaqaaq, ukiullu ingerlaneranni isumaqartoqartarsimavoq autistit guutip inngilerinngikkunikkik saatanip ilisiitsuutigisaraat, ukiullu tusindtit matuma siorna autistit guutitut isigineqartarput, Egitsinimiugunartoq.

Filmini akuttunngitsumik takusarpavut autistit arlaannik piginnaanilerujussuit, tamakkulu pissutaaqataallutik kikkut tamarmik isumaqartarput tassa ilumut autistit taama ittuusut.

Ilumooorpoq autistit suliassanut assigiinngitsunut inuinnarnit sungiusarsimanerujussuusinnaasarmata, aammalu innarluut imminut paarlangasutut pissusilinnik ulikkaarmat.

Tamatta nalunngilarput Rain Man pillugu amerikamiut filmiliaat, taanna eqqaamallaqqissorujussuuvoq, kitsisillaqqissorujussuulluni aammalu titartaallaqqissorujussuulluni, paarlattuanilli inuit akornanni qanoq pissusilersornissaq pillugu malittarisassat nalinginnaalluinnartut naluai. Taamaappoq qarasaata nassitsissutit eqqaamasarnermut atortuunngitsutut sanaat atorsinnaanngimmagit. Eqqaamallaqqissuuvorli, aammalu piffissani nukinilu tamaasa eqqaamasinnaassuserminut atortarunigit, taava isumaminik eqqaamallaqqissiartuinnassaaq.

Autisme ineriartornikkut unittoorneruvoq, soorlu mongolismetorpiaq aammalu amigartumik eqqarsaarsinnaassusilittorpiaq. Kromosomit pissusissarinngisamittut innerannik imaluunniit qaratsakkut ajoqusersimanermik imaluunniit qaratsami nassitsissutit pissusissarinngisamittut innerannik pissuteqarsinnaavoq. Autistinngortoqarneq ajorpoq angajoqqaat atugarliornerat silatuallaarneralluunniit pissutigalugu, soorlu ukiualuit matuma siorna Danmarkimi allaatigineqartarneratut. Autismemi naammattuugassaajuarsimavoq, inuiaqatigiinni tamani kiisalu inuiaqatigiit iluini kikkunni tamani.

Inuk qaratsamigut ajoqutilik qanoq silatutiginersoq na-
atsorsoraangamikku oqartarput sisamanit ukiulimmit si-
latunerunngikkuni, inullu 15-inik ukioqarsimaguni, taa-
va ineriartornermigut unittoorsimasuussaaq/ inortumik
eqqarsarsinnaassuseqartuusimassaaq.

Inortumik eqqarsartaaseqartut aammalu autistit assigiinn-
gissutaat tassaavoq eqqarsartaatsimikkut inortut 8-nik uki-
ulimmiit silatunerulinngisaannarnerat, autistilli sutigut ar-
laatigut silatoorujussuusinnaasarput, assersuutigaluguli
oqalunnermikkut inoqasersornermikkullu ataasiinnarmik
ukiulittut piginnaaneqarsinnaasarlutik. Autistit aamma suti-
gut tamatigut inorluinnartumik eqqarsartaaseqarsinnaapput.
Silatussutsit tamaasa pigisinnaavaat, apeqqutaalluni qanoq
ittumik qaratsamikkut ajoqusersimanersut, aammalu qanoq
ittunik innarluuteqarnersut, soorlu noqartarneq, tappiinneq
imaluunniit oqajuitsuuneq (oqalussinnaanngineq). Autisme
ajorunnaarsinneqarsinnaanngilaq imaluunniit nakorsaate-
qanngilaq autismerunnaartitsisinnaasumik. Iliuuserineqar-
sinnaasutuaq tassaavoq sapinngisamik pitsaanerpaamik pe-
rorsaariaaseqarnissaq (ilinniartitseriaaseqarnissaq). Meeqqap
suut tamaasa ilikkarsinnaanngilai, paasineqarsinnaavorli
ilikkagassat suut meeqqat sapinnginnerai, tamakkunuunalu
ilinniartittuarneqarsinnaavoq. Aamma arlaatigut oqaatsinik
atuisinnaanngortinnissaa pingaarluinnarpoq, ussersortarsin-
naavoq allattarsinnaalluniluunniit, autistertummi amerlaner-
saat oqallorissunngorneq ajorput pisariaqartitatik iluamik
oqaatigisinnaasarnagit.

Taama ittunik sakkussaqanngikkaangamik imminnut aseror-
sartorujussuanngortarput (tassa ima erloqitigilersaramik im-
minnut ajoqusertarlutik).

Meeraqarpoq autisternerminnik qaangiisartunik inersima-
sutullu ingerlalluarsinnaalersartunik, ikitsuaraannanngguup-
pulli.

Ilisimaneqarpoq meeqqat inuugangamik isigilluarsinnaana-
tillu, tusaalluarsinnaanatillu malugisaqarluarsinnaaneq ajor-
tut. Meeraq iluamik attavigineq ajornartarpoq qaammatinik

marlussunnik utoqqaassuseqalernissami tungaanut. Tassa qarasaa isumamineerluni inerikkiartulersarpoq. Inerikkiartulersarnera taanna autistini aallartinngitsoortarunarpoq, suullu tamarmik paatsiveqarneq ajorput (soorlu immaqa tv-p kanaalii sukkavallaamik nikiseqattaarlugit). Suut immaqa ilaat inerikkiartulersinnaapput, meerarlu paasisinnaasani aallaavigalugit toqqaasariaqartarpoq. Inuit misigissutsitik eqqarsaatinngortittarpaat, eqqarsaatillu oqaasinngortarput. Tassa uumasut inuillu assigiinngissutaat.

Mikigallarama paatsiveerusimanersuup iluaniikkallarama eqqarsaateqartanngilanga eqqarsaateqanngingajattarlungaluunniit, taamaammallu oqalunniarneq sapingajappara. Oqaaseqatigiit ilikkarsimasakka uteqattaarsinnaasarpakka, imaluunniit tusaqattaarujussuarsimasakka oqaatigisinnaasarlugit, kisianni eqqarsaatinik tunuliaqutaqanngimmata papikuujuttut iliuinnartarpunga. Misigissutsit kisimik aquppaannga. Ulloralu ingerlasarpoq sunnguit paasisinnaasakka atorlugit.

Eqqarsartannginnamali eqqaamasaqarluarsinnaanngilanga. Suut iluaagisakka nuannarinngisakkalu eqqaamasinnaasarpakka, inuilli allat ilinniartitsissutiginiagaat eqqaamasinnaasarnagit. Suut uteqattaartumik pisut pikkoriffigilersinnaavakka, taamaammallu toqqissisimaffigisarlugit.

Ullumikkut ilimagisamit assut ingerlalluarneruvunga, inuilli ikittunnguit uannik ilisarisimannittut saniatigut inoqasersortuunngilanga. Pikkorinnerulerumallungali ilungersortuarpunga, aamma suut ajoqutiginerlugit eqqarsaataannakkut nalunngilluarpakka. Tassa imaappoq qaratsami nassitsissutit atugassarigaluit ajoqusersimappata imaassinnaavoq nassitsissutit allat taarsiullutik atulersinnaasut, kisianni atugassaaviigaluatulli atorluartigilersinnaasaratik. Suut sapikkat iliuuseriniaraanni inunnit allanit eqqarsarluarnerusariaqaqaaq nukersorfiunerusariaqaqalunilu. Imaaliinnarluni ilikkarsinnaanngikkaanni, soorlu uattut, aatsaalli ilungersorluinnarnikkut aammalu immikkut ittunik periaaseqarnikkut ilikkarsinnaassuseqaraani ilinniagassat nungunneq ajorput.

Nalunngilarput inuit taleqanngitsut qanermik atornissaa sungiusarluaraangamikku qalipaasuittulli puuguttanik marrarnik qalipaallaqqitsigilersinnaasut, ajornakusoornerusimassaarli, ilikkarnertimmi pissutigiinnarlugu talininnavianngillat. Tassa innarluuteqarput sapersassutigisaminnik, naak immisulli ilinniarsimanngitsunit sapersarnerunngikkaluarlutik.

Hollandimi periaaseq nassaarineqarsimavoq angallannikkut ajutoorlutik qaratsamikkut ajoqusersimasut innangaannarlutik qilaamut nakkussiinnalersimagaluartut sungiusarsinnaanngorlugit. Tusaannarlugu uppernanngikkaluarluni taamaattoq inuit siornagut tamanut pisinnaalluarsimasut sungiusaruminarnerupput meeqqanit ilikkarsinnaassuseqanngitsunit. Tassa nassuiaatissaa imaappoq soorlu ilisivik ilisarpassualik uppippat, taava ilisat iliorarnissaat ajornannginerupput ilisiviup imaqarsimanngitsup immerniarneranit.

Atuarnera

Amtsskolemi atuarsimavunga, tassanilu meeqqat assigiinngit-
sorpassuarnik suussusaat erseqqissumik taaneqanngitsunik
ajornartorsiutillit katersorneqarsimapput. 1. klassiuninniit
tassani atuarpunga taamanili qaratsakkut annikinnerusumik
ajoqusersimasutut nakorsanit oqaatigineqareersimagama,
ajoqullu taanna ukiut marlussuit qaangiummata MBD-mik ta-
aneqartalerpoq kingornalu DAMP-ip ataaniilerluni. 1988-imi-
li Danmarkimi taamaattut qaratsamikkut annikinnerusumik
ajoqusersimasutut taaneqartarput, kingorna uanga eqqarsar-
taatsikkut kinguarsimasutut oqaatigineqarpunga, tamannali
oqaluttuaq allarluinnaavoq. (Tamanna kukkulluni nappaatip
suussusianik oqaatiginninneruvoq, qaratsakkullu ajoqusersi-
masut eqqarsaatigalugit taamatut kukkusumik nappaatip su-
ussusiliisarneq nalinginnaasimaqaaq/nalinginnaaqaaq. Inuit
taamatut nappaatip suussusianik paasiniaasussat ukiorpas-
suit matuma siorna ilinniarsimasuusinnaasarput, imaluunniit
aggersarlutik qaratsap ipiutaasartannguisigut nappaatit pil-
lugit misissueriaatsinik nutaanit eqqussiffiusimanngitsunit,
qaratsallu ipiutaasannguisigut nappaatit aatsaat ukiut qassis-
sunnguit matuma siorna Danmarkimi sammineqalersimam-
mata amerlanngeqaat nappaativimminnik nappaateqartutut
eqqortumik oqaatigineqarsimanngitsut).

Meeqqat allat amtsskolemiittut tassani atualersarput atuarfiit
nalinginnaasut sumik arlaannik pissuteqarlutik tigummiu-
majunnaaraangatigik, tassalu meeqqat 2. imaluunniit 3. klas-
simut naleqqunnerusut 1. klassimeeqatigilerpakka. Meeqqat
arfiniliuvugut ilinniartitsisullu marluk. Atuartitsineq kiga-
atsuararsuarmik ingerlasarpoq. Ukiut pingasut missaat ator-
lugit naqinnerit ilinniarpavut. Piffissap sinnera mernguern-
artulerinernut imaluunniit pinnguarnernut atorneqartarpoq,
ilikkagaqarfiginngitsoorparalu, amerlasuutigulli eqqissi-
simaarnissannut imminullu paarinissannut piffissaqartar-
punga. Tamanna ajorinngilluinnarpara. Atuarfinni ilinniar-
titsisoqarpoq qassiinik qanilaartunik pitsaasunillu, aammalu
naammagittarnerat eqqississimanerallu aammalu uannit piu-

masaqarpallaannginnissaat uannut pingaaruteqarpoq. Oqa-
loqateqanngisaannarpunga, klassimili niviarsiaraqarpoq
attortaaleqatigisinnaasannik imaluunniit qalloqatigisinna-
asannik. Oqaatsinik taggerluttorujussuuvoq, oqalukkumaval-
laartanngeqaarlu, taamaakkattalu tulluariivippugut.

6-7-inik ukioqarninni pisartunik oqaluttuunneqartarpunga.
Meeqqerivimmi anisariap eqqaani anartarfeqarpugut, sila-
taani ivigaaralimmukassagaani aqqusaartarissanik. Siuller-
mik nammineerlunga quiartornissara saperpara nunusarpa-
ralu quilivinnissara tikillugu, perorsaasullu aperisarpaanga
querusunnersunga. Anartarfiit atornissaat ilikkallatuarakku
anarniarlunga issialluavittarpunga, taamaaliortarnikkalu
akulikilaavissorput. Taava arlaata oqarfigisimagunarpaanga
anarnermut assut pikkorissuusunga. Specialskolimut pigama
nuannivissumik perorsaanerminni atugassaminnik isumas-
sarsisimapput, tassa suut pikkoriffiginerlugit oqaluttuarisus-
saavarput, taavalu pikkoriffipput meeqqanut allanut perorsa-
asunullu takutittussanngorparput. Taava tullinnguuppunga,
pikkoriffigisattullu eqqaamasinnaasatuarisimagunarpara
anarneq. Taava aalajangersimarpaluillunga aquippunga ta-
kutillugulu, oqarpungalu anarnermut pikkorissuullunga. Ta-
marmik quianarluinnarsoraat.

Klassimi niviarsiaraqarpoq uannut isiginerluisumik, peqqus-
sutimimi kikkunnit tamanit naalanneqartarnerat sungiusi-
mavaa. Aggertarpoq pussuttarlunga annersittarlungalu. Allat
tamaasa uannut malersuilersippai. Aallaqqaammut siunerta-
pilui paasinngikkaluarpakka. Taamaaliortarmat uanga taanna
allallu ungaqquterujussuartalerpakka, assulli naalakattartik-
kusuppaanga. Sumik arlaannik natermut igitsivoq nilliaffi-
gaangalu uannut qaqeqqullugit. Uanga qanoq iliunngilanga,
aggerpoq isummillungalu, ersigilerpara, paasinngilarali su-
niarnersoq aammalu sooq taama iliornersoq. Paasiinnarpara
taama iliortartuusoq, taama iliorneralu nuannarinngikkiga,
taava ingalassimaniaannartariaqarpara, ingalassimasinna-
anngikkukkulu taava naammatsinnissaa utaqqisariaqartar-
para. Anguniakkaminut ukiorpaaluit atorpai, eqqaamann-
gilaralu qanga qatsunneraa.

Inuit namminerisaminnik eqqarsaateqarnerat nalugaluarpara, taamaattumik isumaqartaraluarpunga sorusunnera nalusanngikkaat, nalunngikkaluarlugulu sorpassuarnik apersortarmannga qinngarisarpakka. Akikkajuppunga "Nalunngivippat" imaluunniit suut tamaasa anngaaginnartarpakka nammineq piumasaminnik piniassammata. Oqaluttannginnama ittoorsorineqakkajuppunga ersisorineqartarlungaluunniit, imaluunniit uteriissorineqartarlunga. Imaanngitsoq uanga nalugakku inuit oqaloqatigiittartut eqqarsaatiminnik imminnut oqaluttuunniarlutik. Aamma uanga nammineerlunga paasisinnaagunanngilara, uangami iluameersunik eqqarsaateqarneq ajorpunga, malussarniarneruinnartarlungali.

Atuarfiimmi qassiit misilittarpakka atuarneq allannerlu ilikkaruminartikkakkit. Periaatsilliuku ilinniarnissaat ajornartorsiutigigikka. Ajornartorsiut takkuttarpoq atuakkakka paasisariaqaleraangakkit, aammalu allatassakka ilusilersornialeraangakkit. Ukioq siulleq suut allassagikka ilisimatinneqartarpunga, allannissaallu ilinniarneq ajornartorsiutigingaanngilara. Aamma oqaatsit isumaallu ilinniarnissaat soqutigilerpara. Ajornartorsiut takkuttarpoq oqaatsit atortussanngoraanngakkit. Ilumut aalajangersimasumik aaqqissugaanerat takusinnaanngilara.

Ajornartorsiullu allilluinnartarpoq ilinniartitsisup akissut itisileqquleraangagu. Ilinniartitsisut ilaat akissut oqaatigeriarlugu uannut uteqqusarpaat. Paasineq ajorpara suna siunertarineraat, uteriissoriinnartarpaanngalu naviilersarlungalu. Taava erloqilersarpunga aliasulersarlungalu, kisianni ilumut ikiorsinnaanngilakka, aammami nassuiaassinnaanngilakka paasisaqarneq ajorama, taava allamut saannissaat utaqqiinnartarpara. Ilinniartitsisoqarporli uannut suaartartartunik nilliasartunillu ersilersillunga qimaatillungalu. Ajornerpaarli tassaavoq takusinnaaneq ajorakku uanga imaluunniit atuartut allat ilinniartitsisup kamaannerai.

Atuartut aarleqqutiginngisaannarpakka. Allaanngillat suut qasertuinnaat uanga susassarinngisakka.

Ilaanni atuarfinni atuartut nuannarisimavakka. 3.-4. klassimiugunarpoq. Tassaana atuarfimmi tamattaalluta attortaalisartugut, pinnguaallu taanna nuannarivippara. Niviarsiaqqat ilarpassuisa hiistit uattulli nuannaraat, angerlaqatigisarpaannga hiisteriarlutik hiistillu kumikkiartorlugit. Inuuissiortunut peqataasarpunga nerilluarfigisartakkatsinnut, ullorlu tassani atuarunnaarfissara nalliummat aliasoqaanga, ilinniartitsisummi ilaata atuartitarissallunga niaquata sapivippaa. Silaaserisutut paatsiveeruteqattaartuartarpoq, ersigingaarakkulu takujumanagu nerriviup ataanut toqqortariaqartarpunga. Taama siullermeerlunga isumatsallunga nikalloruluppunga. Ininni issiarusaarpunga hiistilu sululik, qiasoq titartarlugu. Anaanama titartagaq nerriviup qaaniittoq takuaa, titartakkamilu takusinnaavaa assorsuaq aliasuttunga, taavalu pappiaqqamut allappoq: "Sunaana qissatigaajuk?" atuarakkulu akivunga: "Ilinniartitsisup oqalorujuuttarmanga, ikinngutikkalu annaasussanngorakkit."

Pinnguaatit peqataaffigisinnaasakka meeqqat allat pinnguaatigisarunnaarmatigit ajornartorsioqaanga. Issiavinnut takisuunut issaasarput oqaloqatigiillutillu, uangalu kisima angalaarusaartarpunga. Ilinniartitsisut anitsiarfinni susassaaleqisartunga takusinnaalluarmassuk taava atuarfimmi suliffeqalerpunga, anitsiarfinni atuakkat atuagaateqarfimmi inissaanut iliorartarlugit. Sammisassaarukkaangama atuakkamik atuartarpunga. Atuakkakka paasinngikkaluaraanngakkit soqutigineq ajorpara.

Aamma allat eqqumiigisalerpaannga. Siornagummi maluginiangaarneq ajoraminnga.

8. klassip aallartinneraniit 9. klassimut friskolimiippunga, tassanilu nalunngilaat autistiusunga. Tamatumali qanoq isumaqarnera inunnut nassuiaruminaattaqaaq, inuillu paasinningaartarunanngillat. Tusaamaannakkat siumullu isummiussereernerit amerlangaarmata paasinerluisut paasinnilluartunit amerlanerujuassapput.

Oqaraangama innarluuteqartunga inuit akisarput nalinginnaalluinnartutut isikkoqartunga, isumaqartarpullu innarluutillit tamarmik ISSIAVINNI ASSAKAASULINNI angalaartartut.

Oqaraangama autistiullunga, taava inuit isumaqalersarput atornerlugaasimanngikkuma tarnikkut nappaateqartunga imaluunniit eqqarsartaatsikkut amigartuusunga, nalinngaasutullu isikkoqarama taava amigartumik eqqarsarsinnaassuseqarsimassaanga. Sivisuumilli ilisarisimareeraangaminnga takusinnaasarpaat allanngorneq ajortunga, aammalu tarnikkut nappaateqarsimagaluaruma qanoq issusera allanngorarnerussagaluaqisoq. Taava taamaammat sumiginnarneqarsimassaanga/atornerlunneqarsimassaanga taamaalillungalu eqqumiillisimallunga.

Qaratsakkut ajoqusersimasoqarsinnaanera paasineq ajornartarpoq, naak qarasaq timip pisataani atortoqarnerpaajugaluartoq.

Gymnasiami massakkut atuarfigisanni innarluutiga sivisoqisumik ilinniartitsisut kisimik ilisimavaat. Atuartut eqqumiissoriinnartarpaannga, isumaqartarunarpullu ajoqisumik meeraasimasunga, soqutiginerli ajorpakka tassami autisme pillugu oqaluttuaraluaraangama angusaqarneq ajorama, taamaammat taamaaliortarunnaaginnarpunga, inuunermalu 97%-ia atortarpara atuarfimmi atuartitsissutit eqqarsaatersornikkut tunngavii ilinniarlugit. Tamatuma uannut massakkut pingaarnerpaajunera paasilluarsimalerakku nuannaaqaanga inuuneralu naammagisimaarlugu.

Kisimiinnera ikinnguteqannginneralu aliasuutigeqqilissagaluarukkit neriuppunga pikkunartunik suliassaqaqqileru-maartunga. Ullummi tamaasa uanga silarsuarlu silatunerujartorpugut, immaqalu ullut arlaanni iluarsiissutissamik nassaartoqarumaarpoq. Sapinngisannik iliorlunga, tassa nittartagaq atuakkiaralu manna aqqutigalugit, innarluut pillugu nammineerlunga ilisimasakka allallu uannut qanoq qisuariartarnerat oqaluttuariniartarpakka. Immaqa inunnut uannik paasinerluisimasunut qinngarsuisutut puttarsiaqartutullu nipeqassagaluarpunga, taamaanngilarli. Ataatsimut isigalugu isumaqarpunga ajortunut amerlaqisunut asattuunneqarsimasunga angajoqqaaqarama pitsaasunik silatuunillu, uannik paasinnilluartunik aliikkusersuilluartarsimasunillu oqaloqatigisarlunga, illaqatigisarlunga ikaqatigisarlunga, aamma perorsaalluarnermik, tarnikkut pitsaasumik pissusilersornermik pamersaanermillu ilallugit. Qanorluunniit pakatsisartigigaluarunik qanorluunniillu neriunartoqarpasinngitsigigaluarpat tunniutiinnajuinnertik nukittoqqutigaat. Qitornaqaraannimi qaratsamigut ajoqusersimasumik taava ilungersortuartariaqarpoq pisortat annikitsuinnarmilluunniit ikiorsiitinniarlugit, aamma amtimi nappaatiga kukkusumik suussusersineqarsimammat, isumaqarlutik sianiippallaaqigama ilikkagaqarsinnaanavianngitsunga, taava ikiorsinnaasimanngilaannga, siunnersuininnguamilluunniit naamik. Tassami meeraq sapileraani efterskolemut aallartiinnarneqarsinnaavoq. Tassa pisariinnerpaaq akikinnerpaarlu.

HTX-imi ilinniagassalerininni ikiortissaqartitaavunga, minnerugallaramali ikiuut pissarsiatuara tassaavoq amtsskolimi atuarsinnaasunga, ilikkagaqanginnamali angajoqqaama namminneerlutik atuarfimmik namminersortumik, amerlanngitsuinnnarnik klassimi ataatsimi atuartoqartartumik, ujarliuttariaqarsimavaannga namminnerlu akilerlugu. Atuarfik ungaseqimmat angajoqqaama ullormut akunnerpassuit aammalu qaammammut 1500 kr.-it benzinamut + 500 kr.-it atuarfimmut atortariaqartarpaat, tassalu aningaasartuutit amerlaqaat, kisiannili atuarfimmiinnera pissarsiaqarfigaara.

Ilikkakkama amerlanersaat angajoqqaannit ilikkarpakka. Anaanama atuarnermik allannermillu ilinniartippaanga amtsskolemimi atuartitsineq atuarsinnaanngitsunut sammitinneqarmat, naqinnerillu ukiut qassiit atorlugit ilikkartinniarneqartarlutik. Taamaaliorlunga atuarneq allannerlu ilikkarsimanavianngikkaluarpakka. Atuareeraangama anaanagalu akunnerit marlussuit qallunaatoorneq sammisarparput. Ataatama matematikertittarpaanga. Minnerugallarama matematik nuannarisupilussuuara, amtsskolemilu 2. klassimi "pikkorinnernut" ilannguppunga. Taamaakkaluartoq ilikkagaqarpallaanngilanga. Kommuneskoleni pitsaanerulaarpoq, angajoqqaamali ilinniartitsinerat suli pitsaaneruvoq. Piffissaqarput naammagittarlutillu, aamma perorsaariaaseqarput imaattumik, pingaartumik paasilluarsimalerlugu suut ilinniagassat qarasarsornikkut tunuliaqutaat uteqattaartariaqarikka eqqaamasinnaalerserlugit paasisinnaalerserlugillu.

Friskolemi qallunaatoorneq ilikkagaqarfigeqaara, allallaqqinneruleqaanga oqaatiginiakkannillu ilusilersuillaqqisseqalunga, aammalu fysik, orientering aamma tuluttoorneq tipisiutsiarpakka. Tassani atuarfimmi soraarummeerfiusartumi nalinginnaasumi atuarneq qanoq ittuusoq uannut ilisaritinneqartutut ippoq, tassani ilinniartitaanikkut pitsaanerusumik ingerlaqqinnissamut pisariaqartut tamarmik pigineqarput. Isumaqarpunga friskolemiinninni atuagarsorneq pinerunagu inoqasersorneq ilinniariga. VUC assut nuannaraara, aammalu atuagarsornikkut ilikkagaqaaloqaanga. Namminersorluarsinnaaneq ilinniarpara, aamma ilinniagassalereriaaseq assut ilikkarneruara. Taamaaqataanilli assut kinaassuseqannginnarpoq. Ilinniartitsissutini ataasiakkaani inuit imminnut ilisarisimanngillat, tassanilu atuarneq uannut ajornanngeqaaq. Tassami inoqasersornerup tungaatigut kimilluunniit piumasaqarfigineqanngilanga, aamma attaviginiarneqarneq ajorpunga, taamaammat ataatsimut isigalugu iluarilluinnarpara. Ilinniartitsisut qanippallaanngilakka, suullu tamarmik suliamut tunnganerupput. Imaanngilaq ippigigakku, ajoriffissaqartinngeqaaramami, kisianni VUC-imi piffissaq tamaat atuartarninni inoqatinnut attaveqanngilanga. Atuartinneqarnitsinni inersimasunik peqateqarnera nuannarilluarpara, misilittagaqaqaat, aamma tamanna ilikkagaqarfigeqaara naak taakkununnga sanilliullunga ilisimasakinnera/misilittagakinnera ilaanni ippinnartaraluartoq. Ataatsimulli tamaasa isigalugit VUC nuanarisupilussuuara, taamaammat suli attavigaara unnukkullu pikkorissarnernut peqataasarlunga, isumaqarpungami nuannerluinnartuusoq eqqissisimanarlunilu.

HTX toqqarpara ilinniarnertuunngorniarfimmi kikkut ilisarisimasama tamarmik atuarfigisaanni atuarusukkama, takusinnaavarali atuarfimmi taama ittumi inuit imminnut pissusilersorfigeqatigiinnerat pakatsissutigisassagiga. Taava illoqarfitsinni allaffimmukarpunga, HTX-ilu pillugu quppersagannngualiaasimasoq atuarlugu. Pilerinartippara, tassami eqaarsaarneq, nunalerutit ilinniartitsissutillu allarpassuit sammisariaqanngilavut. Atuarfik Internettimi ujarpara, takugakkulu atuarfimmi atuartut 70%-ii nukappiaraasut paasivara uannut naleqqutivissuusoq. Nukappiaqqat inunnut tunngasunik oqaluppallaarneq ajorput teknikkimulli tunngasut samminerusarlugit, taamaammat ajornartorsiornavianngilanga. Ataataga isumaqataavoq, taavalu atuarfiliarpugut oqaloqatigalugillu. Ullumikkut atuarfik nuannarisupilussuuara. Atuartut allat klasselærereq oqaloqatigisarpaat isumaqaramik atugarliortunga ilungersunartunilluunniit ajornartorsiuteqartunga, kisianni nuannaarpunga. Nalunngilarami iluarusuttorujussuusunga! Atuarfik artornartuuvoq, nuannersorujussuuvorli. Toqqagara uannut naleqqulluinnarpoq. Pingaartumik nuannarilluakkakka tassaapput atuartitsissutit ilinniartitsisullu tamatigoortuunerat assigiinngissitaartuunerallu. Suliassaqarfinni assigiinngitsuni iliniartitsissutinut isertinneqartarnerput alutorilluinnarpara, akunnerimmi ilaanni akuutissat assigiinngitsut akoortarpavut aammalu tangiisa annertuussusii, molit kiisalu kimitussusii uuttortartarpavut, akunnerup tulliani oqaluttualiat, aktantmodelit kiisalu sukuiaanerit misissoqqissaartarpavut, matematik eqqaanngiluaannarlugu.

Teknisk gymnasiumimi ilikkagaqangaarama taagorsinnaanngingajappakkaluunniit. Pilluataarfissuaraara. Ilumummi atuartitsissutit tamaasa ilikkagaqarfigingaarpakka. Ilinniagassalerinermut ikiorteqartitaanitsinni ilinniartitsisunit nersorneqartarpunga periaatsit teorillu nutaat ilikkalertortarpallaaqigakkit, ilaannimi nutaanik ilikkarsinnaassusera ajasoorutigilluinnartarpaat. Ilaanni isumaliutigisarpara sooq taama massakkut ilikkajatiginersunga, isumaqarpungalu allatulli ilinniartitsisup oqaaserisai isummerfigisariaqartuaannanngginnakkit pissutaasimassasoq. Isummersorfigingaarneq imaluunniit isornartorsiungaarneq ajorpakka. Aamma paasissutissat pissarsiakka artornartuunersut oqitsuunersulluunniit eqqarsaatigivallaarneq ajorpara, eqqaamaniaannartarpakka allallugit alanngaarniarlugilluunniit. Ilaanni ilinniartitsisoq

ilumoorunnagu quiasaarluniluunniit oqaraa-ngat ajornakus-
oorsinnaasarpoq. Taava unikaallattariaqartarpunga eqqarsa-
atigalugulu ilumoorussisoqarnersoq asuleertoqarnersorluun-
niit. Ilaanni asuleersoqarnera tusaasinnaalluartaraluarpara,
eqqarsarluanngikkaangamali   upperisoorsinnaasarpakka.
Allakkat misissorluassagaangakkit allaalaartarpoq, ilikkarsi-
mavarami imarisai sukumerlugit misissussagikka, tamannalu
suliassama ilagigaat. Ilinniartitsissummi ataatsimi ilikkaler-
tortarpallaanngilanga, immaqaliuna ilinniagassaq naqqaniit
paasilluarsimanninnakku aammalu malittarisassat tunn-
gaviusut ilisimalluanginnakkit taamaattunga. Toqqamma-
vissaq inerluarsimanngitsoq aallartiffigalugu ingerlaqqis-
sinnaaneq ajorpunga, taava suut tamarmik ajutoortarput
nikeriarsimasanngilangalu.

Ilaanni sukumerlugit paasiniaaneq imaluunniit nammi-
neq   isummersorniarneq   ajornartorsiutigisinnaasaqaara.
Amerlasoorpassuartigut inuit uannut eqqartugaat iluamik
isumaqarfigisanngilakka, tassa siornagut eqqarsaatigillu-
arsimanginnakkit, imaluunniit soqutigisarinnginnakkit.
Isummat tamarmik arlaatigut ilumoortortaqartarput siutin-
nilu ilumoorluinnarsinnaasarlutik. Inuit oqaatiginiakkatik
tunngavilersorluaannarpatigit, uangalu isummerfigereersi-
manngikkukkit, taava isumaqatigiinnarsinnaasarpakka. Ki-
sianni taamaalioraangama illuatungiliutingaarneq ajorpunga,
oqaloqatigiinnerlu pikkunaallisarpoq. Suliassaappat taava
isumaliorluarnissannut piffissaqartarpunga, aammalu atu-
agaateqarfimmit atuakkanik atorniarsinnaasarpunga anga-
joqqaakkaluunniit apersorsinnaasarlugit.

Matematikkimi fysikkimilu ilinniagassalerininni ikiorne-
qartariarama karakterikka qaffariaqaat. Matematikkimi suli-
assatsinni kingullermi 9-mik karaktereqarpunga. Fysikkimi
suliassani aallaaserisassartalinni 6-ip 8-llu akornanni karak-
tereqartarpunga. Teknisk gymnasiummimeereeruma Køben-
havnip universitetiani atualerniarpunga.

Ilinniagassanik ikiorteqartarnera sakkortullunilu iluaquta-
aqaaq, ikiorneqarneralu nuannaarutigingaarakku oqalut-

tuarisinnaanngilaraluunniit. Immikkut ikiorneqartanngik-
kuma sapissagaluarpunga, angajoqqaamami atuartitsissutini
tamani piumasarineqartut malillugit ikiorsinnaanngilaannga.
Ilikkagaqarnissara nuannaringaarlugu kajumissuseqarfi-
gingaarpara, taamaammat sapaatip akunneranut akunneq
ataaseq ilinniartitsisussaqartarnera uannut iluartorujussuu-
voq, taannami ilinniagassanni ajornartorsiuteqartaraangama
aperiuarsinnaasarpara. Ilinniagassalerininni ikiorteqartar-
nera pitsaalluinnartutut isumaqarfigaara. Ilinniagassatiguin-
naanngitsoq aammali inoqasersornikkut pissarsiaqarfiginga-
arpara. Ilinniartitsisut ilisarisimanerulerpakka, aammalumi
ilisarisimanerulerpaannga. Aamma inoqatinnik suleqateqar-
nissannut immikkut ikiorteqartarnera misilittagaqaatigine-
rulerpara, ilikkagaqarfigeqaara, taamaannissannummi pe-
riarfissaqangaarneq ajorama. Sapaatip akunnera kingulleq
1. HTX-imi matematikkimi inuussutissalerinermilu oqalut-
tariarsornikkut terminsprøveqarpugut, ilinniartitsisorput
naliliisorlu (ilinniartitsisoq ilisarisimariigarput) misilitsif-
figalugit. Tassanissaaq ilinniagassalerininni ikiorteqartarsi-
manera iluaqutigingaarpara, malugisinnaavarami ilinniar-
titsisup kisimeeqatiginissaa sungiulluareersimagiga. Naak
atuaqatittulli misilitsikulatigisimanngikkaluarlunga imminut
tatigaanga, tassami matematik, fysik/kemi, tuluttut tyskiso-
ornerluunniit atuarfiinnarmi misilitsiffigisimanngilakka,
akerlianilli qarasaasialerinerit pingasut, inuiaqatigiilerineq
aammalu qallunaatoorneq 9.-10. klassini misilitsiffigisima-
vakka. Hiisterluni unammisartuuninni ilungersorneq, stres-
serneq pissanganerlu sungiusimalluarpakka, taamaammat
soraarummeernerit minnerpaamilluunniit pissangaffigineq
ajorpakka tassami angusaqarniarlunga takutitaqarniarneq
sungiusimagakku. Inuussutissarsiutinik ilinniartitsinermi
misilitsereerlunga, 10-mik karakterinnaffigisanni, ilinniar-
titsisut oqarput qaqutigut uattut eqqissisimatigisumik silap-
paaritsigisumillu takusarlutik. Silatussutsit assigiinngitsut
amerlaqaat, soorluttaaq sianiissutsit assigiinngitsut amer-
laqisut. Ilinniarnertuunngorniarfimmi atuagarsornikkut teo-
riimilu ilinniartitsisunit sianiissorineqarnissara ersissutigival-
laanngilara, naak ilinniartitsissutit ilaanni, soorlu fysikkimi,

pikkorlukkaluaqalunga. Tassaana pissutaasoq ilinniagarisimanngisat ajornavittarmata, atuartitaanermami annersaa pitsaasimanngeqimmat ilinnianngitsoorsimasakka amerlaqaat. Iluaqutigisarparali nalunnginnakku ingerlaqqikkumaartunga, ilami ilinniarnissannut periaatsinillu ilikkarnissannut kajumissuseqaqaanga.

Kisiannili soorlu kisitsisinik niaqumoornermut pikkorluttorujussuuvunga, ilaannilumi kisitassat ajornanngikkaluit taamaallaat regnemaskina atorlugit kisissinnaasarakkit kanngunalaarsinnaasarpoq. Kemiimi ilinniartitsisorma ullut ilaanni niaqumoortinniaraluarpaanga, oqarfigisariaqarparali saperluinnariga. Kinguninngua formel atuarfimmi tunngaviusumi ilinniarsimanngisara atorlugu kisitsisussanngorpugut. Nassuiaappara ilinniarsimanngikkiga, aammalu oqaluttuuppara specialskolemi atuartitaasimasunga. Taamaammat sorpassuit ilisimasassarigaluakka sapersaatigisarikka specialskolemi sammisimaneq ajoratsigit. Tamanna arnap taassuma paasilluarpaa aperalungalu taamaammanuna niaqumoorneq sungiusimannginneriga aammalu gangiiniartillunga (amerlisaaniartillunga) kommat nikisinnissaat nalorsaatigisariga. Tamannalu ilumoorluinnarpoq.

Ataatsimut isigalugu atuarfimmi HTX-imi ilinniartitsisukka nersortariaqarpakka ikinngutinnerluinnarsimammata, naammagittarluinnarlutik, paasinninniarluarmata aammalu ilisimasaminnik tunniussinermut pikkorilluartuummata. Takorloorsimanngisaannarpara atuarfimmik taama amerlatigisunik pikkorissunik/ilinniarluarsimasunik ilinniartitsisulimmik nassaarsinnaassasunga. Ilinniartitsisoq pikkorissoq uanga tassaatittarpara ilinniartitsisoq tunniusimalluartoq. Ilinniartitsissutigisani pingaartilluartariaqarpaa. Ilinniartitsisoq ilinniartitsissumminut ilisimasaqarluassaaq, aammali ilisimasani paasinartumik ilinniartitsissutigisinnaasariaqarlugit. Soorunami aamma iluaqutaalluinnassaaq ilinniartitsisoq ikinngutinnersuuppat ikiuukkumatuullunilu.

Meeraanerugallarama, taamalu autistiunerugallarama, ilinniartitsisoq pikkorissoq tassaatittarpara eqqumalluartoq, ikiuukkumatooq, ikinngutinnersoq, naammagittarluinnartoq, paasinnittoq aammalu ajornartorsiutinnik paasinnissinnaasoq taamalu paasisinnaanngisannik sapikkannilluunniit piumasaqarfiginnittanngitsoq. Nalunngilara ilinniartitsisut ullumikkut nuannarisakka meeraanerugallarama nuannarisimanavianngikkaluarikka tassanngaannartarpallaarmata, piumasaqaateqarpallaarlutik aamma/imaluunniit uannik paasinninngippallaarlutik.

Autistiunerugallarama ilinniartitsisut inuillu allat qanoq isumaqarfigineraannga eqqarsaatigineq ajorpara. Immaqami aamma sianiissorippannga soqutigingaarsimassanngikkaluarpara. Kisianni atuarfimmi allanilu pikkoriffigisakka pillugit nersorneqarnissara nuannarisarpara. Kingornali pingaartilluinnalerpara inuit nuannarisama sianiissorissanngikkaannga.

Ullumikkut iliuutsikka eqqornersut eqqortuunnginnersulluunniit ilaanni ilisimalluarneq ajorakkit iluarineq ajorpara. Uannummi tamanna pissusissamisuunngilaq. Tassa sattaartutut pisariaqartarpunga kukkulluinnarnissamut ungasittarnanga. Taamaammat ilaanni iluarnerutittarpara qanoq iliuuseqanngilluinnarlunga, ilisimalluarnermi ajorakku ilumut ajunngitsumik iliornersunga. Imaanngilaq allanit sianiitsutut isigineqarnissara annilaangagisarakku, annermilliuna eqqumiitsumik iliornissara piumannginnerusariga. Tassa uannut pillunga aammali allat pillugit.

Sianiitsuunersunga silatuupilorujussuunersungaluunniit imminut nalilersinnaanngilanga. Suut arlaat inoqatinnit pikkoriffiginerusarpakka, allalli pillugit allanit ilisimasakinnerusaqaanga.

Sumik arlaannik pikkoriffigisaqarnissaq pingaarluinnartuusoq isumaqarpunga. Minnerunngitsumik tamanna sumik arlaannik paasinngilluinnagaqartilluni imminut tatigilersitsisarmat. Taava imminut oqarfigisoqarsinnaasarpoq: Immaqa suliariniagara allatut pisinnaaffiginngikkaluarpara, immaqami allaat silarsuarmi pikkorlunnerpaagaluarpunga, sapinngisakkali ilungersuukkukkit allat nersuinnartariaqassavaannga pikkorissutullu akuerisariaqarlunga.

Amtsskolemi meeqqat/inuusuttut inuttut ajornartorsiungaartut amerlaqisut atuaqatigisarpakka. Immikkoortumi siullermi 1.-3. klassimi atuaqatikka allat aammalu atuarfimmi meeqqat allat ajornartorsiornerat malugineq ajorpara. Kisianni 7.-8. klassimi assorsuaq ajornartorsiutigilerpara. Taamani inuit nalinginnaasut paasingaarneq ajorpakka, aammalu pitsaanerulinngilaq inuit ajornartorsiutillit, nalinginnaanngitsunik taaneqartartut, akuuffigisariaqartarakkit. Qanormi ila ilillunga inuit nalinginnaasut paasisinnaanngikkukkit inuit nalinginnaanngitsut paasisinnaassanerpakka? Aamma inuttut nalinginnaasutut inuulernissamut inuit nalinginnaanngitsut ilinniarfigisinnaanngilakka.

Isumaqarpunga friskolemi, minnerunngitsumillu teknisk gymnasiummimi, atualernera assut siumut aallassutigisimagiga, kisiannimi aamma inersimanerulerlunga tamatumunnga piareersimalersimavunga. Tassa imaappoq avatangiisikka maluginiartalersimavakka paasisinnaalersimallugillu. Ullut tamaasa atuarfimmiitillunga inoqasersornikkut ilinniagassatigulluunniit ilikkagaqartarpunga, tamatigut taakku marluk ataatsikkut ilikkagaqarfigisarlugit. Piffissarujussuaq atorlugu inuit isiginnaartarpakka pisullu paasiniaqqissaartarlugit. Tassa 7. klassip qiteqqunneraniit taamaaliortualersimavunga.

Soorlu atuakkamik quppiinerit tamaasa silatunerulersarlunga isumaqartunga, isumaqarpungattaaq inuit akornanniinnerit tamaasa ilikkagaqartarlungalu misilittagaqarnerulersartunga. Amtsskole uannut ajunngikkaluarpoq, paasigakkuli atuaqatikka immikkut ittunik ajornartorsiuteqartut, aammalu taakku uangaluunniit ajornartorsiutaannut ilinniartitsisut nukissaqanngitsut, allaanngilaq nikallorulunngitsoorlunga ilinniaqqissinnaajunnaartunga. Taamaammallu silatunerulernissannut kajumissuseeruppunga. Massakkut paarlattuanik ippunga, tassami ilisimasakka amerliartortillugit ilinniarnissannut kajumissuseqarnerujartuinnarpunga. Taamaalilluni killeqarnanngilaq.

Misigisarama uanga ajornartorsiutikka allaasut ilinniartitsisunit meeqqanut allanut sanilliunneqarnissara ersissutigisimanngilara. Aammami ilinniartitsisut pinngitsooratik taamaaliortarsimassasut qularnanngilaq. Isummamali eqqortuusimanissaat isummerfigiuminartinneruara. Amtsskolemi atuarnera ittoorutigisimanngisaannarpara allallu aamma nalunngikkaluarpassuk ajorissanagu. Friskolemi atuartunngorama nukappiaraq amtsskolemi aamma atuartuusimasoq naapippara. Kommuneskoleni atuartuusimanerartuaannarpoq, aqqi taasarlugit, oqartarporlu aamma "atuarfimmi allami" atuarsimalluni. Taamaalillunga ilikkarpara aperineqarluni pinngitsoorani oqarnissaq pisariaqanngitsoq. Uanga oqarnissara ajorinngikkaluarpara, takusinnaavarali taassumatut iliornissaq assut ajornannginnerusoq. Taamaammat oqartalernikuuvunga "atuarfimmi allamiissimallunga", imaluunniit oqanngilluaannartarpunga.

Gymnasiamiilerama atuaqatima aperigaluarpannga oqarfigineq sapissagaluarpakka amtsskolemi atuarsimagama. Annermik isumaqarama tamanna susassarinngikkaat.

Nersualaarinninneq, naveersineq piumaffiginninnerlu

Nersualaarneqaraangama soorunami nuannaartarpunga, naveerneqaraangamalu nuannarivallaartarnagu, naveerneqarnissarali ersiginngilara. Aammami ukiut arlallit qaangiussimalerput ilinniartitsisut ilaannit allamilluunniit naveerneqarama. Maannakkummi anaanama kisimi naviilugaraanga soorlu ineerara torersarumanngikkaangakku, imaluunniit kusanaatsumik oqaraangama/iliuuseqaraangama imaluunniit oqaaseqarumajunnaaraangama (tamanna akulikinneruvoq).

Minnerugallarama naveerneqaraangama imaluunniit alla naveerneqarpat assigiimmik naveersisunut ersisorujussuusarpunga. Atuarfimmi klasselærereqarnikuuvunga nal. akunnerpassuini naveersisinnaasumik. Takkutiinnartorlu ersisorujussuanngortarpunga. Amtimi atuarfimmi iganermut tunngasunut ilinniartitsisoqarnikuuvunga naveersinikkaarujussuarmik, uangalu naviissallugu nuannarisaannut ilaagunarpunga. Igaffipalaami tassani angalaqattaartarpunga qimaasaqattaarlunga naviinnginniassammanga, fagi taanna qinngarinikooqaara! Qasulluinnarlunga qimattarpara.

Ukiuni aqqanilinni atuartuuninni ataasiaannarlunga naveersinnera pissutigalugu qianikuuvunga. Tamanna pivoq amtip atuarfiani 2. klassimiillunga, ilusilersuisusssaalluta. Ilusilersuineq nuannarisarigaluarpara, kisianni igatitsisorput ilusilersuisitsisorpullu paarlaassimagamik. Pernaammik inortuillunga tiimi aallartereersoq takkuppunga, tassa inimi atuarfigisartakkatsinni isersimasunga klasselærererput ilinniartitsisorlu alla matu asserlugu nikuillutik oqaloqatigiikkamik, uangalu illuaqqunissaat sapilerlugu oqaluukkunnaarnissaat utaqqigakku. Ilusilersuisarfimmut iserama igatitsisorigaluatsinnit nilliaffigineqalerpunga. Aperivaanga imminununa qanoq isigigama atuaqatikka utaqqisikkikka, taavalu naveersuaalerlunga. Tassani tupigusuallalaarpunga tassami suna kukkussutiginerlugu nalugakku, taamaattumillu qissaserlunga.

Ilinniartitsisup torsuusarsuarmut anillaqquaanga ermikki-
artoqqullunga, anillaqatigalungalu. Ermikkiartortillunga
klasselærererput naapipparput, susoqarsimanersorlu ape-
raatigut. Ilinniartitsisoq igatitsisorinikuusarput susoqarsima-
nersoq nalunerarlugu akivoq. Naveerujussuarsinnarlunga
taama oqarsinnaammat uissuummissutigeqaara, kisiannili
asattarfimmut ermikkiartorlunga ingerlaannarlunga.

Eqqaamasara alla tassaavoq ullut ilaanni angummik vikare-
qartilluta pisimasoq. Taamanikkut issiavunga atuaqatigalu
anitsiarfinni tigusaqattaalluta pinnguaqatigisartagara ajat-
taqattaarlugu. Anitsiarfimmiit iseqqammerpugut tiimillu
aallartinnerani malinnaavallaarnata paaraluta imminut attul-
lattaalerpugut. Vikarip uneqquaatigut kammalaatigalu inger-
laannaq unippoq, uangali piitaannera ingerlateqqilaarpara.
Tiimi naammat ilavut anialersut vikarip oqarfigaanga uninn-
gaqqullunga. Marluinnanngoratta naviilerpaanga. Qanoq
oqalukkaluarnersoq paasinngilara, tassami ilinniartitsisumik
nalusannik isersimaqateqarnissara toqqissisimanarinngin-
nakku ersigalugulu. Kiisami naveersinini naammassimmagu
anisinnaanngorpunga. Torsuusarsuarmut anillakkama tua-
viornerpaamik aninissara kisiat eqqarsaatigaara ilinniartit-
sisumillu naapitaqarusunngilluinnarlunga, ilami takusin-
naassammassuk kiinnara ajortoq aliasuttungalu. Erinarsuut
erinarsortitsisorpullu atortagarput eqqaariasaarpara. Erinar-
suummi tassani pineqarpoq ilinniartitsisut takusinnaagaat
atuartoq aliasukkaangat, tassa niaqquni sikillugu timinilu
siumut peqikannerlugu pisukkaangat, kiisalu atuartoq nu-
annaaraangat takusinnaagaat, tassa timini napparissitillugu
qummullu isigaluni pisukkaangat. Taava pisinnaasannguan-
nik timera napparissitippara neriuutigalugulu ilinniartitsisu-
mik naapitaqassananga.

Kisianni qanoruna pisoqartoq? Erinarsortitsisorput naapip-
para apeqqutigeqqaagaalu tassaavoq susoqaramiuna? Oqar-
figaara allanut oqassanngippat oqarfigisinnaallugu. Neri-
orsuereermat susoqarsimaneranik oqaluttuuppara. Taava
aperaanga klasselærererput oqaloqatigerusunneriga, oqa-
loqatigerusunnginnerarluguli akivara. Anitsiartarfimmut

aneqatigaanga ilinniartitsorlu anitsiartarfimmi nakkutilli-
isoq ornipparput, qanoq pisoqarsimaneranik oqaluttuuppaa,
taamaaliornera ajuallaatigaara tassami taamaalioqqunagu
qinnuigereeraluarakku. Anitsiartarfimmi nakkutilliisup anit-
siarnerput tamaat nakutigeqqissaarpaanga oqaluffigiinna-
avillungalu ajunnginerulissaqqaartunga.

Eqqaamavara tamatuma kingornatigut ukiut arlallit sinnat-
tupiluutigisarlugu. Sinnattupilulissaanga angutip umerujus-
suallip sumi tamaani malersoraanga, naggataatigullu ma-
lersuisut anguterparujussuanngortarlutik umerujussuallit,
ikiortissaqarnangalu. Pisimasut taamaattut eqqaamalluin-
naqqissaarpakka, qularnanngitsumik misigisama uissuum-
misissimangaarmanga puiguikkiussimagiga. Aamma ulloq
taanna erinarsortitsisorput oqaluffigigakku eqqaamasaqann-
gilanga siornatigut ilinniartitsisumut taama oqalussimati-
gininnik.

Apeqqummut ulluinnarni inuuninni piumasarfigineqartu-
artariaqarninnut atatillugu oqaluttuarisinnaavara ilinniartit-
sisut ilaasa naasutut orkide-tut isiginiartaraannga. Kisianni
taama qajannartiginngilanga! Ilinniartitsisut ilaasa tiimip
ingerlanerani aperinngitsuuittarpaannga, tamannalu ajuusa-
arutigaara. Immaqa pineqartut ilaat pikkoriffigivallaanngin-
nakkit akisinnaanngilakka, taamaattorli misileerusuttarpun-
ga.

Qajannartuunermut tunngatillugu oqaluttuarisinnaavara
atuarfimmi pisortanit ingerlanneqanngitsumi atuartuutil-
lunga aallaarsimaarnerput. Amera qaamavallaaqimmat uus-
sasoralugu ilinniartitsisuma annilaanngagisorujussuuaat,
kisianni eqqissipput paasigamikku tarnut seqinermut iller-
suutissaq faktor 40 atortariga. Taamanili tamanna qanoq qa-
jannartigininnut ersiutaalerpoq. Imaalluarsinnaavoq qajan-
nartuusunga, kisianni timera tamakkerlugu "faktor 40"-mik
tanissimajuaannarakku suneqarsinnaanngilanga!

Qajannartuunermut tunngatillugu allamik assersuutissaqar-
punga. Ullut ilaanni angajoqqaakkalu illoqarfimmiitilluta
biilit parnaaqqasut ammarnialerlugit amtimi atuarfitsinni

ilinniartitsisutta ilaat aviisimik tigumiarluni saneqqukkami taavalu nulukkut aviisinik anaariarlunga oqarami: "Hej Saga". Anaanaga aatsaannarluni sorlussuanilu tarpartillugit tupassimarpalulluni aperaanga: "Kinaana?" Akivara tassaanerarlugu atuarfitsinni atuakkanik atorniartarfimmi sulisuunerarlugu, ingerlatiinnarlugulu anaanaga oqarpoq: "Angut taanna sapiissutsini pillugu kuultimik saqqarmiulerneqartariaqaraluarpoq!" Angut taanna qiimasuummat sianiikujuttuunanilu ingattarserneq ajormat nuannarisaraara. Eqqarsartaraluarama tamanna pillugu oqarfiginiarlugu, ajoraluartumilli oqarfiginikuunngilara. Taassuma kisiartaalluni kammalaatinnersumik qinngasaarsinnaavaanga, tamannalu pillugu nuannaraara.

Ulluinnarni inuuninni imminut pinngitsaalillunga piumaffigiuartariaqartarpunga, maannakkullu HTX-imi atuarninni imminut pinngitsaalinissara pisariaqanngilaq, taamaattorli ajunnginnerussagaluarpoq ilinniartitsisut apersuinerusartuuppata. Amtip atuarfianiitillunga fagitigut annerusumik piumaffigineqarnissara, atuakkanik ilinniagassanillu amerlanerusunik kiisalu ilikkagassanik amerlanerusunik tunineqarnissara kissaatigigaluarpara, kisianni ilinniartitsisut imminut piumaffiginerusinnaanginnamik aamma atuartunut annerusumik piumasaqarsinnaanngillat.

Autisme piumaffiginninnerlu pillugit oqarsinnaavunga angajoqqaakka assut qinngarisinnaasarlugit piumasaqarfigigaangannga autismemut inuttullu pissusinnut atatillugu iliuuseqaqqullunga/nutaamillu ilinniartinniaraangannga. Sunannguaq tamarmi artornartorujussuusinnaavoq qinngarnarlunilu kiisalu paasiuminaatsorujussuusinnaallutik erloqinarlutillu. Taamaattorli imminut pimaffiginngikkaanni aamma angajoqqaanit imaluunniit inunnit allanit piumaffigineqanngikkaanni ingerlaqqinneq ajornaqaaq.

Tarratut inuuneq

Inuuvunga.
Allatulli inuuvunga.

Inuuvunga inuunerup
inuunererusutaraluama
inuunerilinngisaannagassamali
tarraanut iigarsimallunga

Asanninneq nuannarisaqarneq autisme-lu

Inuit inoqatittut isiginerusarpakka, arnaanerat angutaane-ralluunniit apeqqutaatinnagu. Kusanartunik nuannarisaqar-tuaannarnikuuvunga, aamma takusinnaavara nukappiaraq inequnarsinnaasoq, pinnersinnaasoq ilakkuminartuusinna-asorlu, kisianni angutaatigisinnaasannik suli soqutigisaqa-linngilanga. Massakkut "ikinngutigiinneq" sammigallar-para, asasaqalernissannullu piareersimanngitsutut imminut isigalunga. Aamma allat misiliisarmata ilaarsillutik misilii-niaannarlutik misiliisartut ilaginngilakka. Uanga eqqarsar-taatsikkut tarnikkullu piareernissara utaqqigallarniarpara. Arlalinnit neqeroorfigineqarnikuuvunga, quiagilluinnarpak-kalu. Isumaqarpunga ilungersungaaramik neqeroorfigalunga allaffigisinnaammannga inequnarluinnartut, kisianni takor-loorsinnaanngilara inummut allamut taama qanitsigilernissa-ra aamma inummit allamit "pigineqarnissaq" takorloorsinna-anngilara. Autistit allat sinnerlugit akisinnaanngilanga, ilami inuit allat assigalugit assigiinngitsorujussuuvugut. Atuarni-kuusakka malillugit aspergerit asasaqalernissartik soquti-gisorujussuusarpaat.

Inunnik ataasiakkaanik nuannarisaqaleqqaajaasinnaasar-lunga imminut nalunngilanga. Inuit nuannarilikkakka tassa-asarput inooqatigiinnermut faginulluunniit tunngasunik ilinniarfigisinnaasakka. Taamatut nuannarisaqalerneq na-linginnaasumiit allaaneruvoq ajunngitsuullunilu. Taamatut nuannarisaqalerneq aqqaneq-marluk missaannik ukioqarlun-gali ilisimalerpara. Isumaqarpunga tamatumunnga pissuta-asoq aallaqqaammut taamaallaat inuit ataasiakkaarlugit paa-siniarsinnaasarakkit. Taamaattorli malugisinnaallugu uannut pingaaruteqartoq inuit allat pissusilersornerat, qisuariartar-nerat, oqaloqateqartarnerat kiisalu inuit inoqatiminnut qanoq attaveqartarnersut qanorlu saaffiginnittarnersut ilinniassallu-git paasiniassallugillu.

Tamatuma ilinniarnissaanut periaaseraara inuk ataaseq kisiat sammisarlugu. Inuk taanna nuannarisorujussuanngortarpara. Assersuutigalugu tassaasinnaavoq klasselærera, taannami allanit tamanit saqqumilaarnersaavoq, allanillu takoqqaagassaasarluni. Kingusinnerusukkut siuariartorninni inuit arlallit ataatsikkut malinnaaffigisinnaanngorakkit, inuit pissusaat assigiinngitsut imminnut naleqqersuunniartorujussuanngorpakka, inunnut allanut saaffiginninnermi periaatsit assigisaalu maluginiaqqissaarlugit, taamaattorli inuk ataasiinnaq nuannarisaralugu.

Aallaqqaammut nuannarineraanga tamannalu uannut qanoq takutinneraa kisiat nakkutigeqqissaarpara. Kingusinnerusukkut nakkutigisara alliallatsippara kikkut allat aamma nuannarinerai nakkutigilerlugu. Aamma ilanngullugu nakkutigilerpara allanut naleqqiullugu uannut qanoq pissusilersortarnersoq (pisorpassuit arajutsivakka, taamaattorli misiliivunga taamaaliortoqarsinnaanersorlu eqqarsaatigalugu). Taassuma kingorna ingerlaqqippunga "arnaq taanna kinaava?" aallutilerlugu. Paasisaqarfiginerunissaa kissaatigaara. Inuttut qanoq ittuunera soqutigisarilerpara. Tamannalu arriikkaluamik ineriartortillugu. Inoqatiminut qanoq attaveqartarnersoq qanorlu pissuseqarnersoq soqutigilerpara, kiisalu inoqatini kikkut atassuteqarfiginerai ilanngullugit. Sumi najugaqarnersoq ilaqutariit qanoq innersut suullu soqutigisarinerai aamma soqutigilerlugit. Naggataata tungaatigut uannut sanilliullugu qanoq innersoq assersuuppara, tamatumani qanoq iliorlunga inuttut taassumatut pissusilersorlungalu kinaassuseqalersinnaanissara ilanngullugu. Kisianni aamma qanoq ilillunga arnaq taanna inuillu allat qanoq attaveqarfigisinnaanerlugit eqqarsaatigalugu. Isertuulluinnakkannik allattaaveqarpunga, paasissutissallu arnamut tassunga tunngasut tamaasa allattorlugit, pisullu allaalaartut tamaasa ilanngullugit. Kiisalu sinnattorisimagaangakku sinnattukka eqqarsaatikkalu tassunga tunngasut allattarlugit.

Katillugit inuit tallimat ilumoorutivillugu nuannarinikuuakka. Taamatut nuannarisaqarnera annerpaaffissaminut pivoq 15-it missaannik ukioqarlunga, taamanikkut nalinginnaasumik killigisartagara qaangingaatsiarpara. Tamatuma kingorna ukiup ataatsip ingerlanerani nuannarisaqalinngilluinnarpunga. Ullumikkut aalajangersimasumik nuannarisaqanngilanga, taamaattorli soqutigisaqarlunga. Nuannarisaqarusuttuuguma ajornanngitsumik nuannarisaqalersinnaagaluarpunga. Kisianni massakkut soqutiginngilara, isumaqarama tamanna uannut artukkiiginnarsinnaasoq, siusinnerusukkullu siunniussannut iluaqutaanaviarani. Tassami ukiup kingulliup ingerlanerani imminut killilersorniarsaraanga, nammineerlungalu tamanna aaqqissuullugu. Tamatumunnga pissutaavoq uannut inummik nuannarisaqarnerup (ilinniartitsisumik) taamaatinniarnissaa ajornakusoortuummat. Tamannami pisartunit allanit paasiuminaanneruvoq.

Tamatumunnga aallaaviuvoq ulluinnarni angajoqqaama atuarfimmilu ilinniartitsisuma saniatigut allanik oqaloqateqarneq ajorama. Taamaattumik atuaqatinnut sanilliullugu ilinniartitsisunut attaveqarnerunissara pisariaqartippara, atuaqatikkami imminnut kammalaatitillu oqaloqatigiissinnaapput. Uangali angajoqqaama saniatigut allanik "oqaloqateqarnissara" ilagisaqarnissaralu pisariaqartikkukkit ilinniartitsisut kisiisa periarfissaraakka. Taamaakkaluartoq ilisimavara piffissap ingerlanerani meeqqat atuarfiat naammassisussaallugu ilinniartitsisullu ilisarisimajunnaartussaallugit. Aamma ikinnguteqarnerit allat taamaattarput, kisianni ikinnguteqarnerit qaqugu taamaatinneqassanersut ullulerneqarsinnaanngilaq! Kingullermik ilinniartitsisumik ikinnguteqarnera taamaatimmat ukioq ataasersuaq atorlugu qaangerniarsaraara, taamatullu misigisaqaqqinnissara kissaatiginngilluinnarpara. Taamaattorli ullumikkut ilinniartitsisut suli allanit attavigineruakka, tamannalu akuerisariaqarpara. Taamaakkaluartoq ilinniartitsisoq ima nuannaritigilerusunngilara, allaat tatiginninnera nuannarinninneralu tamaasa assaanut tunniullugit, taamatullu aalajangernera nuannaarutigaara tamannami sanngiiffigisarakku.

Inngilip angalanerinnaa

Isivut naapikkaangata, malugisarpagit.
Isit allat isigigaangakkit, immikkoortittarpatit.
Isit allat isigigaangakkit, kamaattarpatit.
Isitit sivikitsumik qiviaraangakkit eqqarsartarpunga
pissutissaqarani qinngarsuisoqartariaqanngitsoq,
kisianni misigisimavunga maajugisariaqaraluarlutit.
Isitsigut sivikitsumik isigigaangatta
qungujuttarputit.
Allat isaat qiviaraangakkit alartarpatit.
Misigisimavunga qinngarisariaqarlutit,
kisianni malugisinnaavakkit, naamasinnaallutit
takusinnaallutillu.
Taamaattorli nalunngilara tatiginninneq
qamannga pisartoq.
Neriuppunga paasissagit
nuannariunnaarneq saperakkit.
Neriuppunga nalunngikkit
maajugisariaqaraluarakkit.
Taamaattumik neriuutigaara uannut iluutsitit
nalunngikkitit.
Isinik qaffasinnerusunik takugaangavit
soqutigiunnaartarparma,
pujortataarlutit
ukiullu inuuffissaraluatit pingasut annaallugit.
Ullut ilaanni isikka qinngarsuisut takugukkit
neriuutigaara nammineerlunga
puigorsinnaassallutit.

Filmit asanninnilersaarutit isiginnaassallugit nuannarisara-
ara. Misilissimanngisat takullugit ilikkagaqarnarput soquti-
ginarlutillu. Arnarpaluttut anguterpaluttullu akunnerminni
"pinnguarnerat" isiginnaassallugu nuannaraara.

Soorlu tiinganeq tassaatippara inooqatigiinnermi inuillu
susassareqatigiinnerannni angusassaq annerpaaq, taamaat-
tumillu paasisaqarfiginissaa pingaaruteqarpoq. Filmi nuan-

narinerpaasara tassaavoq tarnip pissusiinut tunngatillugu asanninnilersaarut Zelman King-ip filmiliaa "Vilde orkideer 3". Taanna immikkut illuinnartuuvoq torrallataallunilu, takoqqikkaangakkulu nuannerseriaannarsimasarpoq, immaqalu taamaalluni uannut piviusunngorumaarpoq! Filmimi oqaloqatigiinnerit pitsaasut pinissaat uannut pingaaruteqarluinnarpoq aamma immannguaq takorluugaannaasinnaapput. Filmit eqqarsaqqissaarluni paasiniagassat nuannarisaraakka.

Filmimi "Vilde orkideer 3"-mi oqaluttuarineqarpoq arnaq kusanartorujussuaq, ikinnguterpassualik asseqanngitsumillu arnaataasoq ilakkuminarluinnartoq. Inuunera akornuteqarpasinngilluinnartumik ingerlavoq, kisianni taamaakkaluartoq nammineq amigaateqartutut misigisimasoq. Amigaatigisaa tassaavoq arlaanik pikkoriffigisaminik soqutigisaminillu sammisaqarnissaq. Angutaatini usorilaarpaa arkitektitut suliffimmini illorsuarnik portusuunik titartaallunilu sanaartorfiusumi suna tamaat nakkutigisinnaammagu, pissaaneqarluni pikkorillunilu. Ullut ilaanni aqqusinikkut ingerlatilluni piaarinaatsoornikkut aqqusinniortoq naapippaa. Ajutoornikkut imminnut attavigiilerput, kajungerileramiullu nuannarilerlugulu alaatsinaaqqissaalerpaa paasillugulu aammattaaq arnanut kamippaarniarfimmi sulisartoq. Naggataatigut isertortumik angutaatigilerpaa, piumallerlunilu ornittarpaa piumalleraangamilu ingerlaqqittarluni. Inuunermini siullerpaamik misigaaq suna tamaat nakkutigisinnaallugu. Kisianni angutaatimi katikkumallermani paasivaa isertortukkut angutaatini qimattariaqarlugu, taassumali akueriumanngilaa, naapittarnertillu ingerlatiinnarusullugu, taamaalilluni misigisimalerpoq inuunini nakkutigisinnaajunnaarlugu. Isumatsangaarnermit nalaanneqarpoq naggataatigullu imminorluni. Angutaataa kiserngoruppoq imminullu aperaluni sooq taamaaliornersoq, ullorsiutai nassaarai isertortumillu angutaataa ujalerlugu. Arnaatimi toquneranut pisuutinniarpaa, kisianni isertortukkut angutaataata toqusimasoq paasigamiuk, tamannalu pissutigalugu angutaativiata kamaattorujussuugaani taava kamattorujussuuvoq pakatsillunilu. Filmip naggataatigut angutaataa aviisimut takoqqusaarummik nas-sitsivoq, tassani arnat allat misilittagaannik ullorsiutaannillu ujartuivoq taamaalilluni arnaatimi sooq toqunera paasini-araluarniarlugu. Oqaloqatigiinnerit/oqaatsit ilaat torralla-taalluinnarput assitaalu pineqartumut ersersitsilluarlutik.

Pineqartumut atatillugu siunissara eqqarsaatigigaangakku siunissami angummik inooqateqarsinnaanerlunga qularisin-naasarpara. Aamma meerartaarsinnaanerlunga ilanngul-lugu. Massakkorpiaq uannut piviusorpalaanngitsutut ipput, taamaattorli misilittakkakka najoqqutaralugit nalunngilara ineriartupallassinnaaqalunga. Assersuutigalugu siullermik meeqqat mikisut nuannarinngilakka. Ersigalugit qanillinave-ersaartarlugit, tassa avammut sammivallaaqimmata innun-nullu nalusaminnut tupaallannartunik aperisinnaasarmata. Qanoq iliussallunga nalulersarpara akisinnaanngisannillu aperissagaluarpata qanoq ilillunga peersissanerlugit nalul-lugu. Meeqqatut nalinginnaasutut alliartorsimanngilanga, taakkualu paaseqatigisinnaanagit.

Tamanna ullumikkut allanngorluinnarsimavoq, meeqqammi mikisut inequgilersimavakka. Atuarfimmi namminersor-tumiitillunga niviarsiarannguaq oqalukkumatoorujussuaq kammalaasiuppara. Atuariartoraangatta soraaraangattalu bussiniit atuarfimmut pisulaaqqaagassaagami, niviarsiar-arlu kisimiilluni aqqusinikkut ikaaqqusaanngimmat ikaaqa-tigisalerpara. Atuarfimmi tassani børnehaveklasseqarami meeqqallu mikisut amerlallutik, arlallit ilisarisimalerpakka.

Pisimasoq alla eqqaamasara tassaavoq niviarsiaraq klassemit uatsinnit nukarlerneersoq ilagalugu atuartunik mikinernik ilinniartitsisumik ilalerluta paarsiartortitaanerput. Piffissap ilaatigut ilinniartitsisup niviarsiaraq mikisoq pinnguaqa-tigilerpaa, kiveriarlugu siumut utimullu kaavitittarlugu. Aallaqqaammut niviarsiaqqap nuannarigaluarpaa, taavali narrappoq qattunermullu ungasialaartumut arpalluni qialerl-unilu. Ilinniartitsisup ornippaa meeqqanullu allanut uteqqul-lugu qinnuigilerlugu, kisianni piumanngilluinnarpoq nipitu-umillu qialerluni. Taamaaleriarmat ilinniartitsisup qimappaa.

Kinguninnguatigut niviarsiaqqap paarseqatigisatta qinnuigaanga niviarsiaraq qiasoq aaqqullugu. Ornippara eqqarsaatigalugulu qanoq ilillunga niviarsiaraq meeqqanut allanut utertinniassanerlugu. Siullermik aperaara meeqqat allat ornikkusunnginnerai pinnguaqatigeqqilerlugillu, oqarfigalugulu pisimasoq aliasuutigeqqittariaqanngikkaa. Taava qanoq ilillunga pinerpoq eqqaalerpara soorlu tassa hiistiutiga pony arlaannik oqaluukkaangakku taama nipeqartartunga. Niviarsiaraq siumut alloriarpoq orloqqajarlunilu, taavali orlunnginniassammat tigupallappara. Tamatuma kingorna marluulluta meeqqat allat ornippavut, kingusinnerusukkullu sioqqanik karsiusaliamit qaqerusulerami ornippaanga.

Soorlu oqaatigereeriga meerartaarusunnerlunga naluara, kisianni aalajangernikuuvunga 100 %-imik piareersimasutut misigisimanngikkuma meerartaarniarnanga. Taamatut misigisimalissanngikkuma meerartaassanngilanga. Ilimagisinnaavara meeqqamik nakkutiginninneq perorsaanerlu nalorninarsinnaassasut. Assersuutigalugu isumaqarpunga hiistip piaqqap sungiusarnera perorsarneralu nalunartuusut, taamaattorli ikiorneqarlunga hiisti naalanngitsorujussuaq perorsarpara tassaalersillugu hiisti ilakkuminartoq, pikkorissoq qiimasorlu.

Kisianni autistinik meerartaarsimasunik tusagaqarnikuunngilanga, taamaattumik tamanna ajornannginnersoq naluara, imaluunniit autistip meeqqamik autistiusumik meerartaarnissaa qanoq ilimanartiginersoq nalullugu.

Kuultinik siallersoq

Asfaltimi qernertumi/qasersumi
eqqarsaatit mikisut tuusintillit
seqinermi qillaalupput.
Kissaq maligaasiorpoq.
Inuup tikka
eqqarsaatinut mikisunut akuleruppoq.
Tarajulimmik qullipinneq.
Nillianeq.
Qilak tungutsorik tarraqanngilaq.
Misilittagaqarusulluni piumassuseqarneq
maqaasinerlu.
Inussat marluk imminnut attulaarput.
Ameq malugalugu.
Qituttoq.
Attuallanneq.
Misigissuseq sukkavallaamik qaangiuttoq,
kisianni eqqarsaatinut mikisunut toqqorneqartoq
sialuttullu ililluni uannut nakkaasoq.
Tuusintilikkaatut.
Kissarneq, qaamaneq inuppalaarnerlu.
Asanninneq, maqaasineq isumatsangaarnerlu.
Ersineq pakatsinerlu, kusanassuserlu.
Oqartussanut ataqqinninneq, inissitsiterineq akuerinnin-
nerlu.
Tatiginninneq, saamasuuneq, tappiitsuuneq, arnaassuseq.
Paatsiveerusimaarneq.
Pinngitsuuisinnaaneq aliasuuteqarnerlu, manngissuseq.
Qungujunneq, ataqqinninneq, eqiasuinneq, pikkorissuseq.
Silatussuseq.
Inuuneq, neriunneq, nuannaarneq
takussaavoq, malugisassaavoq tusaaneqarsinnaallunilu
eqqarsaatini qillalaartuni,
inussat marluk
imminnut attulaaraangata
uanga illillu akunnitsinni.

Tamatta immikkut silarsuaqarluta.
Taamaattumik qamuuna anniarluta,
kuultit sialuttut uannut nakkaaleraangata.
Sialualaartitsigaangavit
kuseriarnermik taamaallaat
tunniussisinnaallunga misigisimallunga.
Nuissat pigisakka qanorluunniit kuutsinniartigigaluaraan-
gakkit
kuseriarnerit mikisut kisimik nakkartaraat.
Kuseriarnerit naatitsineq sapersut,
kisianni aamma toqutsineq sapersut.

Inussiarnisaartumik naapitsigaangama qanoq qisuariassan-
erlunga nalornisigisinnaasarpara. Ingammik ilinniartitsisup
nuannarisama akiani issiagaangama imminut naammaginn-
gitsutut misigisimasinnaasarpunga, uanniit qaffasinnerusu-
mik inissisimanera pissutigalugu. Matumani ilinniartitsisup
atuartullu akornanni assigiinngissuseq kisimi pissutaann-
gilaq, kisianni aamma allatuulli iluamik inoqatinnut attave-
qarsinnaanng.innera pissutaalluni. Piviusorpalaanngikkalu-
artunik aperisinnaavunga, apeqqutinullu akisinnaallunga,
taamaattorli oqaloqatigiinnerup qanoq ingerlateqqinnissaa
nalusarlugu imaluunniit inuuneranut tunngasumik ape-
risinnaasarnagu. Inuit arlaannik oqaluuserisaqartilernissaat
imaluunniit inooqatigiinnermi pissusilersornerup aallartin-
nissaa pikkoriffiginngilara, atuaqatikkami taamaaliortar-
tut takusarakkit. Inuit quianaakkaangata qanoq iliornissara
nalunnginnerusarpara, inussiarneraangatali nalusarlugu,
quianaakkaangatami soqutiginngitsuusaartarakkit. Tassa
kisianni inussiarnisaarneq paasiuminaatsuuvoq. Ilaan-
neeriarluni uannut iluatsittarpoq, kisiannili naak kanngu-
naraluartoq imminut killilertoortarpunga. Soorlu inuk siul-
lerpaamik pitsaasumik attaveqarfigigukku tullianik aamma
pitsaasumik attaveqarfigisinnaavara taamalu tamatigut atta-
vigisarnera pitsanngoriartortillugu. Kisianni inuk attaveqar-
figinerani siullerni pitsaanngitsumik attaveqarfigigukku tun-
niutiinnaqqajaasarpunga inuullu taassuma uannut siullermik

naliliinera ilimagisara attatiinnartarlugu, pitsanngortinnisaanullu misiliisaqattaarnanga.

HTX-imi ilinniartitsisut ilaannut iluatsittumik ammasumik attaveqalerpunga, tassami kingullermik inuuneranut tunngasumik apeqquteqarpunga/ilakkuminarlunga/ inoqatittut oqaloqatigiinneq aallartillugu, inoqatinnullu soqutiginninnera aperinikkut takutillugu. Tassami imaattarami apeqqummik inummut tunngasumik nassaaraangama eqqortumik oqaaseqatigiiliornissaa oqaatiginissaalu nalulertarakkit. Kisianni amerlanertigut apeqqutissannik nassaanngitsoortarpunga, taamaalillungalu aperinngitsoortarlunga.

Inuup naapeqqaarnerata iluatsitsivigivallaannginnera uniffiginaveersaartalernikuuara, uniinnarnaveersaartalerlunga. Taava eqqaalerpara hiistinik sungiusaasartut unammerinut ilaasaleqqaarnera. Taamanikkut sungiusarluarsimavunga kissasserfimmilu hiisterluaqalunga. Kisianni unammiffissatsinnut pigatta uninngaannarpunga, tassa isumaqarama sungiusarnissaq kisimi pingaaruteqartoq, naammattumillu sungiusarsimagaani taava unammiffimmi iliuuseqarpallaartariaqanngitsoq. Suut tamarmik namminneerlutik ingerlassasoralugit. Kisianni unamminerup kingorna paasivara ajugaassagaanni unamminerup naammassinissaanut assoruuttariaqartoq, aamma unammiffimmi. Sunaluunniit pineqaraluarpat ilatsiinnarneq piffiunngilaq!

Aamma alla eqqaasinnaavara, tassalu inuit uannut pingaarutillit ilagigaangakkit kukkunissara annilaangagilersarakku, tassa akuerineqarnissara uannut pingaaruteqarluinnarmat. Inunnik uannut pingaaruteqanngitsunik ilaqaraangama mianersorpallaarneq ajorpunga. Tamanna 7.klassimili ingerlannikuuara, tassami amtip atuarfiani klasselærererput uannut pingaaruteqarluinnarnikuugami.

Eqqaamavara arnaq amt-iminngaanniit aggertussaasoq takuniarlugu amtip atuarfiani qanoq ingerlanersunga kiisalu amtip atuarfia uannut qanoq innersoq paasiniassallugu. Tamanna piumasarinikuugatsigu iluamik ingerlatsisoqalerniassammat. Eqqaamavara arnamut tassunga oqaloqatiginnikkiartortitaallunga, aperigaangalu oqaloqatiginissaanut annilaangasimanersunga, namminerlu isummersorluni "klasselærera oqaloqatigigaangakku toqqissisimanerusartunga".

Oqaasertassai nassaarisinnaasuugukkit nassuiaassimassagaluarpara klasselærerima oqaloqatiginissaa arnap taassuma oqaloqatigineranit annilaanganartinnerugiga, pissutigalugu takornartamik oqaloqateqaraangama kukkunissara soqutigineq ajorakku, ilisarisimasamami akiani issiagaangama kukkunissara sianigeqqissaartarakku. Immaqa aasiit tassa taanna, ilisarisimasat amerlanngippata, taava ilisarisimasat paareqqisaartariaqarput, akunnitsinnilu "aseruutaasumik" pisoqannginnissaa sianigalugu. Ilisarisimasakka ikittunnguit sumi tamaani nassaarisinnaanngilakka, taamaattorli atuarfimmut allamut nuukkaangama ilisarisimajunnaartarpakka nutaanillu ilisarisimasaqalersarlunga. Manna tikillugu tassa taamaappoq.

Inuit isaasigut toqqarlugit isigisinnaanginnerma qaangerniarniarnera aamma pivoq 7.- 9.klassimi atuartuutillunga, maannalu immannguaq ajornartorsiutigaara, tassa inuit nuannarisakka isaasigut isigineq ajorlugit, allalli isaasigut isigisarlugit. Tamatumunnga ilaatigut patsisaavoq kiinnakkut timikkullu pissusilersornernit ajoqusersorneqarnanga oqaatiginiakkakka ajornannginnerusumik oqaatigisinnaasarakkit. Inuit nuannarisakka oqaluffigigaangakkit kukkunaveersaarniarnermik pissusissamisoortutut ittumik isiginiannginnerusarpakka. Kisianni aamma ilaatigut pissutaavoq taamaalillunga ataqqinninnera takutinniartarakku. Tamanna paarlaanneqassanngilaq minnerugallarama inuit isaasigut isigisannginninnut, tassa taamanikkut takulluarsinnaanginnakkit allatuulli nalinginnaasumik isigisinnaanagit. Taamaattorli alliartorninni isit toqqarlugit isigisannginnera ingasaakkaluttuinnarpara, aamma pissutaaqataavoq tamassuma maluginiaqqissaartalernera. 9. klassimi isit toqqarlugit isiginiarneq ajornartorsiutigisorujussuuara, ingammillu klasselærererput MS eqqarsaatigalugu. Arlalippassuariarlunga qiviarnissaaluunniit sapivittarpara. Nalunngilara tamanna immaqa eqqumiiginarsinnaasoq imaluunniit inussiarniinnermik paasineqarsinnaasoq, taamatut isikkoqartikkusunngikkaluarpara, inussiarniinnissarami siunertarinnginnakku. Eqqumiiginaraluartumilli taamaappoq. Taava ilaannikkut piukkunnarsariarlunga imaluunniit piumalleraangama qiviariarlugu qungujuttalerpara.

Naggataatigut assut kamannarilerpara VUC-milu isit toqqarlugit isiginiarnermut ajornartorsiutiga iliuuseqarfigaara, tamanna ajornarpallaanngilaq, tassanimi inummik "iluartuutitarisinnaasannik" inoqanngilaq. Taamanili imminut pinngitsaalillunga isit toqqarlugit isiginaveersaartarnera taamaatinniarsaraara, naggataatigullu tamanna nuannaarutigalugu. Inummik nuannarisaqarnerup ajunngequtigaa taamanikkut inuit pillugit ilikkagaqartorujussuugama allatorluinnarlu soqutigilerlugit. Inummik nuannarisaqarnerma nalaani piffissani pitsaasuni nukissaqarnerusutut misigisarpunga, taamaattorli ilaannikkut misigisimasarlunga piffissani pitsaanngitsuni taamatut nukissaqarnerunerma nukissaarutsittaraanga. Aallaqqaammut misigisimasarpunga inummik nuannarisaqarnerup nuannaarnerinnavimmik tunisaraanga, inummillu allamik soqutigisaqarneq soqutiginartuuvoq iluarinarlunilu. Misigisimavunga tamanna ajunngitsorujussuarmik sunniuteqartoq, tamannalu hiistinik soqutigisaqarnerma saniatigut allamik sammisassaqartitsilerpoq. Taamaattorli atuarfimmi namminersortumiitillunga naggataatigut nuanniitsumik misigisaqarfigaara. Taamanikkut misigisimavunga nuannarisaqarnerma tiguaqqagaanga ipitinniartutullu illunga. Nuanniitsumik mi-sigisaqarfigaara pissutigalugu misigisimagama nuannarisaqarnerma kinguariartortikkaanga, tassa inuunera tamarmi tassunga tunngammat. Siumut ingerlariaqqissinnaanngilanga nuannarisaqarnera eqqarsaatigeqqaartinnagu. Pisut tamaasa ullorsiutinnut allattarpakka, tamannalu paatsiveerutinnginnissannut iluaqutaavoq.

Ikinngutit autismelu

Atuarfimmiikkaangama atuaqatikka ilatigitillugit kammalaatitut isigisarpakka. Taamaattorli kammalaateqarneq allat misigisarnerattut uannut inngilaq. Nalinginnaasumik kammalaatitut isigisaq tassaasarpoq oqaloqatigineqarsinnaasoq arlaannillu sammisaqarnermi ilagineqarsinnaasoq, soorlu festeriaqatigalugu, timersoqatigalugu, illoqarfiliaqatigalugu assigisaannilluunniit sammisaqaqatigineqarsinnaasoq. Atuaqatikka kammalaatittut isigaakka, tassami ataatsimoortaratta, aamma ullut tamaasa atuarfimmiittarpugut assigiinnillu misigisaqartussaalluta. Soorunami atuarnerput tamatta assigiinngitsumik pissarsiaqarfigissavarput, kisianni suliassiissutigineqartut tamatsinnut assigiipput. Atuarfiup tassaalersippaatigut eqimattat ataatsimoortut. Atuaqatikka ilagigaangakkit assut pissarsiaqartarpunga, tassami qanoq misigisaqarsimanerminnik imminnut oqaluttuaqattaatileraangata soqutigilluinnartarakkit. Taamaalillungami sukkanerusumik qiimanerusumillu eqqarsariaaseqarsinnaalersarpunga, tamannalu angerlarsimatillunga oqalukkaangama atorsinnaasarpara. Kammalaatinnik taannagit atuaqatinnik taagajunnerusarpakka, nalunnginnakkumi tamanna eqqornerusoq. Amtip atuarfianiitillunga atuaqatikka atuaqatigiinni atuartunik taasarpakka, tassami nuannarivallaannginnakkit kammalaatitullu taanissaat tulluarsorinnginnakku.

Ataatsimik allaffigeqatigisartakkannik aspergerimik kammalaateqarpunga, taassumalu allaffigeqatigisarnera nuannarisorujussuuara, tassami taannalu allat attaveqatigiissinnaanerinit allaasumik attaveqatigiissinnaavugut. Akuttunngitsumik autisme pillugu oqaluttuaraluaraangama imaluunniit allaaserinnikkaluaraangama inuit paasineq ajorpaannga, kisianni aspergerip allaffigeqatigisartakkama allatakka paasisinnaasarpai taamaalillutalu ajornartorsiutivut eqqartorsinnaasarpavut. Tamanna torragisorujussuuara. Aspergerit arlallit allaffigeqatigisarnikuuakka, taamali torraatiginngitsumik.

Aspergerip allaffigeqatigisartakkama, Anita Hummelshøjip,

nuannarilluinnarneranut ilaatigut pissutaavoq taassuma autisme pillugu allakkakka tamatigut paasisarmagit, tamannalu siornatigut misigisimanngisaannarpara. Isumaqarpunga allakkatigut pitsaasorujussuarmik oqaloqatigiilluartartugut. Anita, kammalaataalluarnerit pillugu matumuuna qutsavigaakkit.

Hiisteqatigisartakkannik ataatsimik kommuunip atuarfiani 2.klassimiitillungali kammalaateqarpunga. Allaffigeqatigiittarpugut immitsinnullu pulaartarluta hiisteqatigiittarnikuullutalu. Ilinniarnertuunngorniarfimmi marluulluta atualernitta kingornagut naapinnissarput piffissaqarfigivallaarunnaarnikuuarput. Naapikkaangatta annerusumik hiistit oqaluuserisarpavut, atuarfilli aamma eqqaatsiartarlugu. Ajoraluartumilli allanik eqqartuivallaartarata. Kisianni hiistit atuarfiullu eqqartornissaasa saniatigut allanik eqqartuinissaq ajornakusoortinnguatsiaratsigu. Nalunngilaa autismemik nappaateqartunga, tamannami allakkama ilaanni eqqaanikuuara, annerusumilli oqaloqatigiissutiginikuunngilarput. Isumaqarpunga inuttut allatulli nalinginnaasutut isigigaanga (tassa immikkut isiginiarneq ajorpaanga).

Hiisternermik ilinniarfinni hiistiutima ponyt ineqarfigisaanni niviarsiararpaaluit hiisternermik soqutigisallit qummut isigisarpaannga, hiistillaqqissuunera pissutigalugu, ilaatigut hiistertartut naapinnerini ilaasarama, hiistinik sungiusaanermi pissinnermilu akissarsisarama, ponyutikka kusanartuummata ilaalu ilanngullugit. Hiisterneq eqqarsaatigalugu qaffasissumik inissisimajuaannarnikuuvunga, kisianni inooqatigiinnikkut ajorluinnartumik inissisimallunga, tassami attaveqaqatigisinnaanngginnakkit. Tamanna pitsanngoriarnikuuvoq, tamannali aatsaat imminut pinngitsaalillunga anaanamalu peqqusineratigut attavigisarnerat pitsanngoriartissinnaasimavara.

Isumaqarpunga atuarfimmi atuaqatima niviarsiaqqatut eqqumiitsutut pissuserissutut aatsaallu eqimattakkaarluni sulinermi oqaaseqarsinnaasutut isigisaraannga. Pitsaanerutittarpara ilinniartitsisut eqimattani kikkut suleqatigiissanersut aalajangersoraangassuk, tassami atuaqatima anitsiarfinni oqaloqatiginerusartakkatik ilaginerusartakkatillu eqimattani suleqatigerusunnerusarmatigik. Amerlanertigut eqimattani suleqatigiit assigiiaaginnalersarput, tamatigullu uanga eqimattat arlaannut inissinniarsarisariaqartarlunga. Taamaattorli piffissami kingullermi eqimattami niviarsiaqqanik inuttalimmi aalajangersimasumik ilaasalernikuuvunga. Inuussutissalerinermi tamanna ajornartorsiutaanngilaq, tassanimi pingasuinnaavugut eqimattarlu ataasiinnaasinnaalluni imaluunniit ataasiakkaarluta sulisarluta.

Atuarfimmiinninni ilinniarnertuungorniarfimmiinninnilu angalanerit

Manna tikillugu arlaleriarlunga tammaarsimaaqataanikuuvunga paasisassarsiorlungalu angalaqataanikuullunga. Atuarfimmi namminersortumiitillunga sap. akunnera ataaseq Slovakiet aamma Ungarn angalaarfiginikuuagut, kiisalu amtip atuarfianiitillunga Møns Klint-imi Maribo-milu pinngortitalerinermut atuarfinniinnikuullunga. Ilinniarnertuunngorniarfimmiitillunga Maribo-mi asimi qanoq inuuniartoqarsinnaanersoq aamma misilinnikuuara.

Atuarfimmiit angalaqatigiittarnivut uannut misigisaapput assut nuannersut, ingammik piffissami kingullermi, naak angalanerit tamakkua uannut sakkortusaraluaqisut, aamma naak angalareerlunga tikikkaangama nukillaavillunga qasusimasaraluarlunga.

Atuarfimmi namminersortumiitillunga Ungarn-imi ullorsiutit

22/5-98. Nalunaaqutaq 22:30 atuarfitsinni naapippugut. Tamanna Ungarnimut busserluta angalanissatsinnut aallarniutaavoq. Bussernerput eqqissisimasumik ingerlavoq. Gedserimut apuukkatta 1½ tiimip missaani umiarsuaq ikaartaat utaqqivarput, nalunaaqutarlu 2:00 tikippoq. Utaqqinitsinni filmi pissanganartuliaq malinnaaffigivallaanngisara aliikkutaraarput. Nal. 2:00-imiit 4:00-imut umiarsuarmi ikaartaammi Tysklandiliartaammiippugut, uagullu ilaatigut piffissaq pisiassarsiululluta atorparput. Ikaartaammeereeratta bussini qasuersaarpugut, aqqusaagassatta tulliup tungaanut ingerlaarnerani. Ullaakkut nalunaaqutaq arfineq- marlunngulersoq Berlin-ip suliffissuaqarfiatigut busserluta ingerlaarpugut. Naak nalunaaquttap akunneri arlalialuinnaat sininnikuugaluarlunga qasuersimasutut misigisimavunga. Qasuersimanera inuummarinneralu immaqa pissuteqarput neriulluarninnik, tassami aatsaat siullerpaamik misigisimagama atuaqatikka akuuffigalugit. "Allat" avataaniinngilanga, kisiannili "taakkua" akornanniillunga. Akiatunginniippoq Sara sinillunilu, issiavinni tunorlerni issiaqatigigakku. Ammasuunera pillugu kikkunnillu tamanik oqaloqateqarsinnaanera ilakkuminartuuneralu pillugit nuannaartoriuarnikuuara. Akiatunginni siorpasinnerulaarluni Maj-i issiavoq eqqumallunilu. Maj-i pitsaasumik attaveqarfigilluartuuara. Atuarfimmi namminersortumi 9.klassimiitilluta atualerpoq, taamanikkut Sara atuanngitsoq, nukappiaqqat marluk atuaqativut uangalu kisitta atuartugut. Suna pissutiginerlugu nukappiaqqat Maj-i oqaloqatigerusunngilaat, imminnulli oqaluullutik illakuluinnarlutik. Minutsit marluk ingerlareersut tamanna paasilerakku pissassariarlunga Maj-i oqaloqatigilerpara. Atuarfimmi sorlermi atuartuusimanersoq aperaara, taamaalillutalu oqaloqatigiilerpugut. Tamatuma kinguninnguatigut aneqatigaara atuarfillu takornariartillugu qanorlu pisoqartarneranik oqaluttuullugu. Atuarnerput naammat ini atuarfigisarput marluulluta eqqiarparput (atuarfipput nammineerluta eqqiluitsuutittussaavarput, naterlu ippappallaannginniassammat alersaannaasarluta). Ulloq taanna ilimaginngilluinnakkannik imminut pikkorinaaqaanga, tamannalu assut tanngassimaarutigalugu.

Ilinniartitsisut iteralerput, kisianni eqiasukujupput, sulimi ullaavallaaqimmat. Klasselærera misilillugu sininniaqqikkaluarpoq. Aqqusinerujussuit biilit ingerlaarfii tulleriiaat sivisuumik aqqutigisaqattaarpavut. Prag-imut apuunniarnitta sivisunerujussua aappaatigut iluaraara, tassami apuunnissatsinnut nukissannik katersilaarniassagama.

Nalunaaqutaq qulit-qeqqa: Ajja! Filmimik ikkusseqqissimapput. Siusinnerulaartukkut aqqusinerujussup biilit

aqqutaata sinaanut unittarfimmut uneriarluta ullaak-
korsiorpugut. Massakkut Mulder aamma Scully ikkus-
simavaat. Klasselærera isumatusaarluni atuagaq Ta' din
tid narcissisme pillugu atuakkiaq atuarlugu aallartissi-
mavoq. Maligassiuinera malillugu uangattaaq impres-
sionisme aamma kuultit nalaat pillugit atuarlunga aal-
lartinniarpunga.

Nalunaaqutaq 11:50 Tjekkiet iserfigaarput. Biilit, kil-
leqarfimmik nakkutilliisut inuillu isiginnaarlugit assut
soqutiginarput. Killeqarfimmut qanittumi niviarsiaraq
ingilluni isiginnaarujoortoq takuara. Assut paaserusut-
sakkaluarpara tassani issialluni suna eqqarsaatigineraa.

Prag-imi: Aallaqqaammut illoqarfimmi sumunnarnis-
sarput paatsiveerusimaarutigaarput, soorlu Karlsbroen
takusarnialeratsigu - kisianni takuniagassat ujarnissaat
pisariaqanngikkaluarpoq, tassami kukkulluni ingerlag-
aluaraanniluunniit misigisassarpassuaqarmat.

Aqqusinerni tuniniaasartut tuniniaallaqqinnerat isigin-
naarlugu assut pikkorinaarnarput. Qinusartut aamma
aqqusinerni takussaapput, illorsuit kusanartorsuit aam-
ma qinusartut piitsullu imminnut tulluanngivipput.
Piffissap ilaani ikittunnguakkuutaarluta nammineer-
luta angalaarsinnaatinneqarpugut. Uanga atuaqatikka
niviarsiaqqat marluk pisoqatigaakka. Oqaluullutalu
pisuppugut pisiniarfiit isiginnaajutigalugit. Unnukkut
nerereeratta busserluta ingerlaqqippugut, ullullu tul-
liani Ungarnimut apuulluta. Tammaarsimaartarfimmut
apuukkatta tupertorpugut ullaakkorsiorlutalu. Ualik-
kut busserluta illoqarfik qanittumiittoq takuniarparput.
Tassani paasivara niuerniarneq ajornarpallaanngitsoq,
naak oqaatsit ajornartorsiutaagaluartut. Qujanartumik
isikkoq ussersornerlu atorlugit paaseqatigiittarpugut.
Illoqarfimmi takuniaareeratta busserluta neriniartar-
fimmut neriartorpugut.

Ataasinngorneq 25/5-98. Ulloq aallartipparput pallittaa-
lisaq Sümegborgen, qaqqajunnap qaavaniittoq, takuniar-
lugu. Qaqqajunnakkut majuarnerput ilungersunaqaaq.
Majuagarput takeqaaq qummukajaajullunilu. Qaava-
nut apuutingajalerluta ingerlaqqissinnaajunnaangajal-
luinnarpunga. Uummatiga kassuttorujussuanngorami
anersaartortorujussuullunga qasullungalu. Qasujaval-
laarnersuara nakeriallaatigaara paaserpiarsinnaana-
gulu sooq taamaannersunga, tassami hiisterluni unam-
minissanut atatillugu timersorlunga sungiusartarama.
Naak imminut pinngitsaalillunga ilannut malinnaani-
araluarlunga malinnaasinnaanngilanga, qasuerseqqa-
artinnangalu apuunnissara qularileraluarlugu.

Qaavanut apuukkatta oqiliallannaqaaq. Isikkivik kus-
anaqaaq, illoqarfillu tamakkerlugu   qulaanniit isigin-
naarneqarsinnaalluni. Siulliullugit takuagut - imalu-
unniit uanga takuakka - hiistit pallittaalisap eqqaani
atortulersorsimasut inuit akornanni pangaleqattaartut.
Hiistit   taamaallaat amigaatigaat hiistersoqannginna-
mik, kisianni immaqa tassa taamatut hiistiutitik ane-
ertittarsimavaat. Sümegborgenimi pisiniarfinnguaqar-
poq, tassanilu nukappiaqqat arlallit panamik pisipput.

Hevis-imi   nalunnguartarfimmi   nalunnguarniarneq
ajornaqaaq. Taamaattorli klasselærera   atuarfiullu pi-
sortaa issiaqatigaakka oqaloqatigalugillu, tamannalu
nuannaarutigilluinnarpara.   Apersuinerat   aallaavi-
galugu oqaluttuuppakka atuarfik nuannarilluinnariga,
kiisalu ukiup tullianut qanoq pilersaaruteqarninnik.
Ukiup tulliani VUC-imi aallartinniarpunga tassani ilu-
atsitsinissara neriuutigalugu.

Illoqarfimmi Sümeg-imi tuniniaasarfiit niuertarfiillu
alakkarterpavut pisinialullutalu. Aamma tassani Sara
Maj-ilu ingerlaqatigaakka.   Klassimi mikisumiilluni
pitsaaqutigaa allanik   ilaaqqusinngitsunik immikko-

orianik pilersoqartanngimmat. Tamatuma kingorna angerlarpugut nerillutalu, kinguningaatsiaalu innarluta.

Marlunngornikkut ullaakkut nalunaaqutaq arfineqmarlunut makippugut, Budapest-iliartussaanerput pissutigalugu. Maluginiarpara Budapest illoqarfiusoq assut kusanartoq, amerlasuunillu misigisassarsiorfigineqarsinnaasoq, ingammik illorsuatoqarsuit inuillu eqqarsaatigalugit. Pallittaalisap qarmaata anillangarnanut periarluta illoqarfissuaq Balaton-ilu isiginnaarpavut. Pisiniarfiit assigiinngitsut orneqattaarlugit qimerloorpavut, ilaatigut illorsuarmi niuffattarfimmiilluta. Kinguninngua oqaluffik Matiskirken takuniarparput. Taassuma ilua silataalu kusanartorujussuupput. Iigai tamarmik kalkimik qalipakkanik qalipaatinik sakkortunngitsunik qalipaasikkanik ulikkaarput, angisoorsuarmillu altereqarluni. Bussinut ingikkatta utaqqilerlutalu nuanniilliuleraluarpunga. Naluara tamatumunnga suna pissutaanersoq, kisianni immaqa qasusimagunarpunga klasselæreralu oqaloqatigerusullugu, kisianni suna pillugu oqaloqatigerusunnerlugu nalullugu.

Pingasunngornikkut Balaton Für-imiippugut. Tassani piffissap annersaa niuerfinnut angalaqattaarluta atorparput. Sila kiattorujussuuvoq ullorlu naallugu seqinnerluni. Ilavut arlalissuit Balatonip tasia nilleraluartoq nalunnguarput. Uanga unnuaanerani nuffasersimagama nalunnguaqataanngilanga. Unnukkut neriniartarfimmi nereqatigiippugut angerlajaarlutalu, tamannalu iluatsillugu qallunaatut soraarummeernissatsinnut atatillugu atuagassavut atuarpakka.

Sisamanngornermi tammaarsimaarfitsinniiginnarniarlunga aalajangerpunga nalunnguarniassagama qasuersaarlungalu. Saralu marluullutta klasselærererput ilagalugu qallunaatut soraarummeerutissavut atuarpavut. Kingornatigut ilavut pisiniarfiliarput, uangalu angerlarsimaannarpunga Balatonillu tasiani nalunnguarlunga. Ulloq eqqissisimasumik atorpara imatullu annerusumik misigisassarsiornanga, kisianni ullormik qasuersaarfeqarluni iluaqaaq, naak ataasiarlungaluunniit uivertutut misigisimanngikkaluarlunga.

Tallimanngorneq angerlamut aallarfissaraarput, tupit poortugassallu allat poortorpavut bussimullu ikiorarlugit. Angerlamut aallaratta illoqarfik Prem uniffigitsiarparput takusassarsiorfiginiarlugu. Kisianni piffissap annersaa bussini issiavugut nipilersuutinillu tusarnaarluta. Allatut ajornartumik nipilersuut tusarnaartariaqarparput tassa nukappiaqqat ilaat radiuusarsuarmik ghettoblasterimik nassarami.

Arfininngornermi ulloq naallugu bussini issiavugut, umiarsuarmut ikaartaammut ilaanerput eqqaasanngikkaani, umiarsuarlu aalangaarmat uppikkumanata issiaannartariaqarpugut. Nalunaaqutaq tallimanut atuarfitsinnut apuuppugut.

Ilinniarnertuunngorniarfimmi misigisassarsiorluni / asimilu qanoq inuuniartoqarsinnaanersoq paasiniarlugu angalaneq

Angalaqataanera qularutissaanngitsumik sakkortunerpaaq tassaavoq misigisassarsiorluni / asimilu qanoq inuuniartoqarsinnaanera paasiniarlugu teknikkikkut tunngasunut ilinniarnertuunngorniarfimmi angalaqataanera. Sapaatip akunnera siulleq ilinniarnertuunngorniarfimmiinnitsinni ullut pingasut Maribo-mut asimi qanoq inuuniartoqarsinnaanersoq paasiniarlugu angalatitaavugut, immitsinnut ilisarinerunissarput siunertaralugu. Angalanerput aallartippoq bussinik, taava nassatavut nassarlugit niutinneqarpugut. Ullunut arlalinnut naammattunik nerisassatsinnik imigassatsinnillu taqusseriarluta kiisalu nunap assinganik pujorsiummillu tuneriarluta

suliasseriarlutalu pisulluta aallartinneqarpugut. Ulloq ator-
parput pisulluta, pisulluta pisullutalu, taarsinissaata tungaa-
nut. Naggataatigut sumiiffissarput nanivarput tupertorlutalu
kingornatigullu innakaalluta. Nalunaaquttap akunneri arlal-
lit sinereerluta itersarneqarpugut qaammartartulioqquneqar-
lutalu. Tamatumalu kingorna pisoqqilerluta. Ippassaammat
oqarfigineqarpugut apuuffissatsinnut siulliulluni apuuk-
kaanni akilersinnaalluassasoq. Eqimattat ingerlaqatigisakka
kingullerpaallutik apuupput, aqqutitta ilaani kukkulluta in-
gerlalersimagaluaratta. Uagut eqimattallu allat pillarneqar-
put nammineq pisattatta nassarnerisa saniatigut ajugaasut
nassataat nassartussanngorlutigik. Tamatuma kingorna Ma-
ribo-mi pinngortitamut atuarfimmut pisuppugut ullaakkor-
siutissatsinnillu issingigassanik igalluta. Tamatuma kingorna
ingerlaqqittussaavugut, ippassarlu ajugaasut oqarfigineqar-
put akissarsiaralugu uagut nassatavut nassataminnut ilann-
gullugit nassassagaat, tamannalu quiasuutigitsiarparput.

Kingusinnerusukkut sissamut apuuppugut ulloqeqqasior-
lutalu nerilluta, kinguninngualu dunkinik umiarluusiorluta
aallartippugut. Imaanut avalatsipparput ikiffigeriarlugulu
ilikkakkavut naapeertorlugit angualerluta, tamannalu ilun-
gersunaqaaq. Ingerlaqqitsinnata qujanartumik qasuersila-
aqqaarallarpugut, taavalu nunap assinga malillugu ujagas-
savut ujarpavut nassaarigaangatsigillu allamut inissittarlugit.
Tamatuma kingorna pisuppugut, spejderit tammaarsimaar-
fiannut apuunnissatta tungaanut, tassanilu nerisassatsinnik
grill'erilluta. Aqaguani ullaakkut sivisunerusumik sinitsita-
avugut, tamannalu iluaqaaq, ingammik paasigatsigu qaqortu-
lianik ullaakkiorsiuteqartussaalluta. Ullaakkorsioreeratta
busserluta Nykøbing-imi karrinik immersagaq portusoorsu-
aq ornipparput, tassanilu qaqititaariarluta ammut innartorlu-
ta. Tamatuma kingorna angalaartitaanerput naammassivoq,
uangalu nukillaavillunga qasuvunga! Taamaakkaluartoq an-
galaarnerput nuanneqaaq, ingammik apuussimaleratta.

Ulluinnarni inuuneq

Uannut ajornannginneruvoq susannginnersunga allaaseris-sallugu, taamaalioreerumalu susarnerlunga allaaseriumaar-para. Festeriarneq ajorpunga imaluunniit inuit katerisima-artut ilaaffigissanagit, pujortarnerlu ajorlunga. Ikinngutinik aneqateqarneq ajorpunga imigassartornerlu ajorlunga. Ti-mersuutigalugu hiistertarallarama hiistertartut klubbiini ila-asarpunga, maannakkulli taamaaliussaarlunga innarluutillit hiisternerinut ilaaqqusaajunnaarnikuunera pissutigalugu.

Taavalu susarnersunga. Atuartarpunga ilinniagassakkalu suliarisarlugit, unnukkullu piffissaqaraangama VUC-mut ilaasarlunga, qarasaasiamilu quppernera suliarisarlugu. Ul-luin-narni sammisartakkakka assigiinngitsut pillugit anga-joqqaakka oqaloqatigisarpakka, atuarfimmilu sammisartak-kakka pillugit ilinniartitsisukka oqaloqatigisarlugit. Allanik oqaloqateqarneq ajorpunga. Innarluutillit aviisiinut assigi-inngitsunut marlunnut takoqqusaarummik ikinngutissar-siorlunga ilanngussinikuugaluarpunga akineqanngitsunilli. Ataasiakkaanik aspergeriunerusunik allaqateqartarpunga. Anita Hummelshøj allaffigeqatigingaatsiartarpara, taman-nalu nuannaarutigeqaara ilinniarfigisimaqalugulu, taannami niviarsiaagami pitsaasoq silappaarissorlu, ajornartorsiutinil-lu tamatigut oqaloqatigineqarsinnaasoq. Hiistertarfinni inuit arlallit inussiarnersut nalunngilakka, taakkualu qanoq inner-sunga aperisarput. Taava akisarpakka, oqaloqatigiinnerpullu tassunga killeqartarpoq.

Ilinniagassakka suliarinngikkaangakkit nipilersukkanik tusarnaakkajuttarpunga. Nipilersortartut nuannarilluak-kakka tassaapput Skunk Anansie, Anouk, Sinead O'Connor kiisalu pop / rock-imik nipilersukkat assigiinngitsut, taama-attorli aamma klassisk-inik nipilersugassiarsuit opera-rtullu nuannaraakka, naak massakkut tusarnaarpiassaaraluarlugit. Nipituumik nipilersortut nuannarinngilakka. Mikinerugal-larama nipimit sakkortuumit ima ajortittartigaanga allaat ilaannikkut uppittarlunga, isigisaarullunga nipilu piffissani sivikitsuni tammartarluni. Nipilersugassiarsuarnik klassisk-

inik tusarnaartitsisut arlallit ajortinnera pissutigalugu qima-
annartariaqartarnikuuvavut. Aatsaat ukiualunnguit matuma
siornatigut nipilersortunik tusarnaarneq ilinniarpara.

Unnukkut fjernsynertarpunga filmerlungalu. Filminik pis-
sanganartunik imaluunniit pissangaammernartulianik
Amerikamiullu filimiliaannik aaqqissuunnerlutanik isigin-
naarneq ajorpunga, taamaattorli isiginnaarumasarlugit asan-
ninnilersaarutit, filmit isumaliulersitsisartut nipilersortullu.
Anaanama peqqusinera naapertorlugu qallunaat filmiliaat
"itsarnitsaniit" ullumimut tamaasa takunikuuakka. Filmit
pissanganartuliat/pissangaammernartuliat akuttusooru-
jussuarmik takugaangakkit ersilersinnaasarpunga. 13-inik
ukioqarlunga fjernsynimi filmi pissangaammernartuliaq isi-
ginnaarakku, qaammatit arlalissuit qaangiutereersut eqqar-
saatigiuarpara filmimilu takusama qanoq pisimanissaat
annilaanngatigalugu. Taamaattumik filmit pissangaammern-
artuliat akuttusoorujussuarmik takusarpakka, saperakkit.
Angajoqqaama aamma tamakkua takussallugit nuannarinn-
gilaat, pissangaammernartuliarlu aallartikkaangat kanalimut
allamut nuuttarlutik. Ungasippallaanngitsukkut kisimiil-
lunga angerlarsimatillunga filmip pissangaammernartuliap
ilamerna isiginnaatsiarpara, allamulli nuutsipallallugu, pa-
asivaralu suli ersigalugit! Fjernsynikkut aallakaatinneqartar-
tuni nangittaqattaartuni malinnaaffigitsiartagara taamaallaat
tassaavoq Ally, tassami nangittaqattaartut soqutigisarinngin-
nakkit. Mikinerugallarama fjernsynernissara eqiagilluinnar-
tuuara, båndinilli tusarnaarumanerusarlunga. Anaanagalu
isiginnaartitsisarfinnut isiginnaariartarnikuuvugut, videoni-
llu operartunik isiginnaassallunga nuannaraara. Carmen nu-
annarilluartuuara.

Ilaannikkut pisiniarfilerisarpunga atisanik cd-nillu pisini-
artarlunga, atuakkanillu atorniartarfiliartarlunga atuakkanik
aalajangersimasunut tunngasunik allanillu atuakkianik ator-
niartarlunga. Aamma inuusuttunut atuagassiat Vi unge aam-
ma Mix atuartarpakka. Mikinerugallarama biilerneq imalu-
unniit angalaneq nuannarisarinngilakka (nangiatunermik)
aammalu pingasunik-sisamanik hiistiuteqariaratta paarisari-

aqartunik taamaallaat nunat ukua tikinnikuuakka: Tyskland, Sverige, Prag aamma Ungarn.

13-it missaannik ukioqarlunga Storstrøms amt-i qinnute-qarfigigaluaratsigu ikiorsinnaasoraluta inuusuttumik ila-anneeriarlunga illoqarfimmut aneeqatigisarsinnaasannik imaluunniit ilaqutariinnik oqaloqatigisarsinnaasannik pis-sarsissussinnaasoraluta, itigartitaagatta, tassagooq amtimi siunnersortip tamanna pisariaqarnersoq takusinnaanngim-magu. Tamanna sivisulaartumik ilungersuutigigaluarparput, kisiannili oqarfigineqarluta amtip atuarfiani atuaqatiginikuu-sakka assigalugit efterskolemut nassiunneqarsinnaasunga. Tassanilu amtip atuarfiani pinittut allanut mattusimaneqas-sagaluarpunga ilikkagaqassanangalu, tassami atuartitsineq naqinnernik immikkoortitsisinnaanngitsunut ordblindinut naatsorsuussaammat. Taama pisoqarsimagaluarpat piffissap sivikitsup ingerlanerani unittoorsimassagaluarpunga, taman-nalu qanoq kinguneqarsimassagaluarnerpoq.

Inuusuttut allat misigisartagaat misigerusukkaluarlugit mi-sigisinnaannginnakkit nikallungassutigisorujussuunikuu-ara aliasuutigalugulu. Ajornanngitsunnguanik akikitsunillu aaqqiissutissaqanngilaq, periarfissallu pigisakka aallunni-artariaqarpakka sapinngisannguakkalu soqutigisakka aallul-lugit.

Igalaaminernik siallersoq

Uummatit takugakku malugaara assut maqaasisutit anniar-
tutillu.
Isitit qamuuna isigigakkit, oqaluttuartutit takuara.
Silarsuaq ungasissorsuaq allaasorlu oqaluttuaraat.
Uummatit takuara anniarnerlu malugalugu,
nalunngilara silarsuaq alla ujaarigit.
Isummatit takuakka isitillu qinaasipput, marluulluta nalunn-
gilarput
oqaatsivut naapinneq sapersut.
Illit silarsuit uanga silarsuannit allaasoq, marluulluta
nalunngilarput.
Uummatit ujaasiffigaara illillu silaqarsusera ujaasiffigaat,
isummatit ujaasiffigisimagaluarukkit, misigissutsikka uja-
asiffigisimassagaluarpatit.
Ujaasigama nanivakka neriunneq, neriuuteqannginneq silar-
suullu ungasissorsuup
maani silarsuanngortinnissaanut sunik tamanik pilliuteqar-
nissamut piumassuseqarneq
nanivakka.
Silarsuarma illit silarsuit sumik tunisinnaaneraa isumaliuti-
gaara.
Akissummik nassaanngilanga.
Maqaasineq kisiat nanivara.
Qullilinerit tuusintillit ullorissat ataatsimut silarsuaanni
sialuttut nakkaapput.

Isumatsangaarnerit

Isumatsangaarnerit mikisut siulliit aqqusaaqqaarpakka 4.klassimi atuartuutillunga, tassa taamanikkut kommuunip atuarfiani atuartuutillunga klasselærerertaarama ersigisaru- jussuannik, taannami naveersiuaannarami nikuillunilu nilli- asarluni. Aallaqqaammut ajorpallaanngikkaluarpoq, tassami ersiginera puigortuaannarakku, pissutaavoq taamanikkut pisut taamaallaat maluginiartarakkit eqqarsaatigissanagillu. Kisianni klasselærerima pissusilersornini taamatut ingerlati- innarmagu, ersiginera eqqaamajuaannalerpara, matumani ersigineranut patsisaasoq ilanngullugu. Taamaariarmat anga- joqqaakka pisartunik tamanik oqaluttuuppakka. Kisianni al- latut qanoq iliuusissaqanngimmat atuarfimmut allamut nu- uttariaqarlunga, tamannalu nuannarinngilluinnaraluarpara, tassami atuarfimmi tassani ikinngutikka qimakkusunngikka- luarakkit.

Isumatsangaarnerit tullii amtip atuarfianut 6.-8.klassimi uteqqikkama misigaakka. Klasselærera pissutigalugu atu- arfimmut allamut nuuttariaqalerama kommuunip atuar- fianut allamut pivunga, sunaaffali iluatsitsineruallaarnanga. Aamma tassani klasselærerertaarpunga nuannarinngisannik, nutaanik kammalaatitaanngitsoorlunga, atuarfimmilu ilin- niartitsisut allat attaveqarfigilinngilakka. Amtip atuarfianut angerlarsiinnaavippunga, isumaqarlungalu amtip atuarfia- nut uteruma ajornartorsiutikka qaangiukkumaartut. Klasse- læreralu isumaqatigiinngereernitta kingornagut atuarfimmi tassaniinnera naammagilerpara angajoqqaakkalu oqarfigalu- git atuarfimmut tassunga atuariartoqqinniarnanga. Amtip atuarfiani atuleqqissasunga aalajangiunneqarpoq, tassanilu atuaqqilerpunga. Amtip atuarfianut uterama ukioq siulleq soorlu tassa paratiisimiillunga, eqqissisimaneq inuillu inus- siarnerlutik. 1.klassimi atuarallarama pinnguaqatigisartak- kakka pinnguaqatigisarpakka. Kisianni 7.klassimiilerluta ni- viarsiaraq kammalaatiga allatut ajornartumik atuarfimmut allamut nuukkami, tassa kommuunip najugaata amtimi atuarnera akilerumajunnaaramiuk aalajangerlugulu kom-

117

muunip atuarfianut specialklassimut nuussasoq. Nutsermat aammaarlunga ilagisartagassaaruppunga, uannullu soorlu anitsiarnerit ajornartorsiutinngorput, tassa anitsiarfinni piffissaq sumut atussanerlugu nalulerakku. Tiimini ajunngikkaluarpunga, kisiannili ilikkagaqassananga. Malugisimajartuinnarparalu amtip atuarfia atuarfimmik tunngaviusumik allatut naammassinnissinnaanngitsunut inissiisarfittut isigisariaqarnerusoq.

7. klassi naammassingajalerlugu sakkortuumik isumatsattalerpunga, tassami takusinnaaleraluttuinnarakku amtip atuarfianut naleqqutinngitsunga, atuartunimmi allanik uattut ittunik nassaassaqanngilluinnarama. Atuarfimmi atuartuupput meeqqat ilikkagaqarniarnerminnik ajornartorsiuteqartut kiisalu angerlarsimaffimminni inooqatigiinnerup tungaatigut ajornartorsiutillit, tamakkualu ilagisinnaanngilluinnarpakka. Atuartut 3. klassimiittut annerusullu anitsiarfinni imminnut qinngasaaruttarput. Ataatsimik eqqaamavara atuartut annerit Hell's Angelsiusaarlutik Bandidosiusaarlutillu pinnguartut, naapikkaangamik imminnut saassuterujussuartarlutik, ilinniartitsisullu angutit arlallit avissaartitsiartortariaqarlutik. Niviarsiaqqallu ullut ilaanni kammagiinnerpaariarlutik tiimi ataaseq qaangiutiinnartoq nunarsuarmi akerariinnerpaanngortarlutik. Tamannalu paasisinnaanngilara, paasiniarusunnagulu.

Kisianni isumatsaatigaara atuarfiit arlaannaannulluunniit naleqqutinnginnera, tamassumalu qanoq iliuuseqarfiginissaa nalugakku. Eqqaamavara 8. klassimi atualeratta sapaatip akunnerani siullermi erseqqilluinnartumik tamanna paasillugu, tassa taamanikkut uatsinnut (atuartunut annernut) paasissutissiilluni katersuutsitsisoqarnerani. Suut tamarmik kukkusutut misigisimanarput tamannalu anersaaruluutigaara. Ilinniartitsisoq angut nalunngisara saneqqukkami aperalungalu atuartuni annerniilerluni artornarnersoq, tamannalu "naagga"-mik akivara. Kissaatigisara naapertorlugu akisimasinnaasuuguma ima oqarsimassagaluarpunga: "Naamik, atuartuni annerniilerluni artornanngilaq, tassami misigisimavunga taakkununnga naleqqullunga, kisianni artornaqa-

aq paasillugu atuartut angajulliit uannut naleqqutinngitsut atuarfillu uannut naleqqutinngitsoq unittoorfigisimallugit."
Quianaqutigaa paasinarsimmat ilinniartitsisoq angut taanna uannit siulliulluni atuarfimmiikkunnaarmat, atuarfimmut naleqqutinnginnini aamma pissutigalugu. Eqqaamavara ulloq kingulleq atuarfimmiikkami oqarfigigaanga tassaanerarlunga qeerlutuuaraq pinniitsoq, ullulli ilaanni tassaalerumaartunga qussuk pinnersoq. Taamatut ajunngisaarluni oqarnera pillugu ajoraluartumik qutsaviginngitsoorpara, taamaattorli immaqa massakkut qutsavigisinnaavara.

Piffissami tamatumani aamma paasiartulerpara immikkut ittunik ajornartorsiuteqarlunga. Tassa inunnik allanik attaveqarsinnaannginnera kiisalu arlalippassuit saperikka paasisinnaanagillu.

Tamakkua tamarmik pissutaallutik isumatsannersuup iluaniilerpunga, angerlarsimaannalerlunga aqerluusamik tuschimilluunniit qernertumik orpinnik inunnillu ulloq naallugu unnullu ilanngullugu titartaallunga. Mikinerugallarama titartaagaangama aamma tuschimik qernertumik titartaasarpunga, piffissallu ilaani suut tamarmik qernertuussapput, hiistit qernertut, biilit qernertut, atortullu tamarmik qernertut. Sooq taamaattuutikkusunnerlugit naluara. Kisianni isumatsangaarsimanerma nalaani qernertoq/qasertoq qanoq inninnik ersersitsiniutitut atorpakka. Titartaanikkut misigissuseq suna piginerlugu soorlu taamaannersunga paasiniartarpara. Amerlasuutigut suna titartarnerlugu eqqarsaatigineq ajorpara, titartaaginnartarlungali. Orpiit titartartalerakkit tiguartiffigalugit piffissami sivisuumi orpiinnavinnik titartaasarpunga. Orpiit avalequtaasa sammivii imminnut qaleriiaattut kiisalu orpiit sorlaat nunamit nuisasut, avalequtitullu imminnut qaleriiaattut. Kisianni aamma inuit assigiinngitsorpassuit tarrallu titartarpakka. Inuit titartakkama tarrai tamatigut ilannguttarpakka, ilaannikkullu inuit tarraannai titartartarlugit (soorlu mikinerugallarama inuit takusartakkakka eqqaamallugit).

Tassanngaanniit ingerlaqqinnissannut iluaqutaasoq tassaavoq Center for Autismemiit suna nappaatiginerlugu paasigakku, tamannalu pivoq 7. klassimi atuarnera naammasingajalerlugu, uannullu iluaqutaavoq angajoqqaama autisme sunaanersoq paasitimmannga. Aallaqqaammut tamanna iluamik paaserpianngikkaluarpara, kisianni tassa qaratsannut pulasimavoq, kigaatsumillu paasiartorusaarpara. 8.klassimi atualersimatsiaannarluta atuarfimmut allamut nuuppunga, atuarfimmullu namminersortumut pillunga, sunaaffa taanna atuarfiusoq manna tikillugu uannut pitsaanerpaaq, uannullu tamanna iluaqutaaqaaq. Kisianni isumatsangaarsimanera qaangiutinngilaq , allannguallalaaginnarlunili. Ajornartorsiutikkami suli pigaakka, taakkualu takunissaannut pikkorissiartuinnavippunga. Tamatumalu kinguneraa isumatsangaarsimanera arlalitsigut anneruliinnarmat.

Inunnut allanut imminut assersuunniartorujussuuvunga, sutigut allaanerunera paasiniarlugu, aamma suut amigaatiginerlugit paasiniarpakka aamma suut allatut iliorlunga suliarisinnaanerlugit paasiniarpakka. Kisianni nikalluallannaqaaq tamatigut paasisarlugu suulluunniit pisarninniit pitsaanerusumik / allaanerusumik piniaraluaraangakkit qanoq artornartigisoq. Ataatsimut isigalugu uannut neriuutissaqarnannngeqaaq, tassami suut immikkuualuttunnguit annikitsut ilungersuutigeqqaartarakkit, immikkuualuttut ima mikitigisut allaat allat takusinnaanagit ilumut allanngortinniarsarigikka. Taamanikkut kissaatigigaluarpara ineriartornera qarsutiinnarlugu inuttulli nalinginnartut ilinissara, nalinginnaasumik eqqarsaatigeqqaanngikkaluarlugu iliuuseqarsinnaallunga. Tamanna ajornarluinnartoq paasigakku, inuuninni killiffigisanniit ingerlaniaqqittariaqarpunga. Taamaattorli alloriarnerit annikitsunnguit atorlugit ingerlaniarsaraanga. Assersuutigalugu niaqqunni inuit imminnut qanoq iliuuseqarfigisarneri kiisalu imminnut qanoq oqaluffigisarneri ilinniarpakka. Inummik takunerit tamaasa eqqarsartarpunga "aluu", "kumoorn", imaluunniit "godaften". Taavalu ingerlaqqillunga eqqarsartarlunga "qanoq ippit?", "qanoq ingerlavisi?", "ullumi sulerivit" allallu eqqarsaatinni nassaarisinnaasakka tamakkerlugit, ullup qanoq ilinera, naapitama kinaanera uannullu qanoq oqarnera apeqqutaatillugit. Taamaakkaluartoq eqqarsaataannakkut oqaloqateqarnermiit oqaloqateqavinnermut ungaseqaaq. Aammami piginnaasaqarfigisassatut takorluukkannut suut tamarmik ungaseqaat.

10/6-1998-imi ullorsiutiniit

Piffissat ilaanni kinaassutsima pitsanngortinnissaa kisiat eqqarsaatigisarpara. Tamannalu erloqissutigisarpara. Hiisternermut hiisterlunilu unammisarfimmi pissiffissatut assersuuppara, inuttut kinaassutsip allanngortinnissaa tassaatillugu pissinneq angisooq ilungersunartorlu. Takorloorpara aqqutiginiagassara ilungersunaqisoq pissitassanik tulleriiaaginnavinnik tungujortunik, aappaluttunik qaqortunillu qalipaatilinnik assiaqutsersorneqarsimasoq. Uangalu hiistiullunga aqqullu taanna ilungersunartoq aqqutiginiartussaallugu. Nalunngilara aqqutiginiarukku nukikka tamakkerlugit, immaqalu annerulaartumik aqqut qaangissagukku ilungersortariaqarlunga, ilutigitillugulu ajutuunnginnissara sianigisariaqarlugu. Nalunngilara aqqutiginiagassara inuuninni ajornarnerpaasoq. Kisiannili ajornartorsiutigalugu tarniluutigalugulu aqqutissara taanna kinguarteqattaaginnarakku, tassa aqqutiginissaanut sapiissuseeruttarama. Massakkut assorsuaq eqqarsaatigaara inuttut kinaassuseq sukkasuumik allanngortinneqarsinnaanersoq, taamaalisinnaasuuguma tamanna uannut oqiliallaataassagaluaqaaq ...

Imminut oqarfigiuaannarpunga aappaagu pissikkumaarpunga, imaluunniit ineriartorninni killiffimma tulliani pissikkumaarpunga, kisiannili pissinngisaannarlunga. Ilumoorpoq ullut tamaasa pissinnerit mikisut aqqusaartarakkit, kisianni kissaatigisara tassaavoq massakkorpiaq pississasunga taamaalillunga ajornartorsiutikka qaangerniassagakkit "nalinginnartullu" inuulerniassagama, nalinginnartut iliuuseqarsinnaallunga, nalinginnartut oqalussinnaallunga inuillu nalinginnaasut ilagalugit nalinginnartut inuullunga. Kisianni nalinginnartut inngilanga, nalinginnartut iliuuseqarsinnaananga allatulli oqalussinnaananga, nalinginnaallu ilagalugit nalinginnaasinnaananga.

Aspergerit ilaat oqartarput aspergereqarnertik kamannaralugu, pisinnaasuugunillu inuunermik allamik qinersisimassagaluarlutik, kisianni naak uanga autismeqarani inuuneq nalinginnaasoq maqaasiuaraluarlugu, autismeqarnera akeqqattut isigilersimanngisaannarpara, tassami nunamut tunnganissara ilisimajuaannarnikuuara. Tassami autismeqarnera isigaara uannut inuttullu kinaaninnut ilaasutut, tassaanngitsorlu inuttut kinaassutsima "sanianiittoq" inuttullu nalinginnaalissaguma peerneqarsinnaasoq ajorunnaarsinneqarsinnaasorluunniit. Aqqutissatuaasoq tassaavoq sapikkat alloriarnerit ataasiakkaat atorlugit qaangerniarnissaat. Isumaqarpunga autismep qaangernissaanut aqqutissaqanngitsoq, aammami taamaattoqarnissaa pisariaqanngilaq, kisiannili sungiusarnikkut imminullu suliarinikkut innarluut ima millititsigineqarsinnaasoq autismeqarneq namminermut inunnullu allanut ajornartorsiutaajunnaarsillugu.

Isumaqarpunga qanorluunniit ingerlalluartigigaluaraani qanorluunniillu pikkoritsigigaluaraani autistiujuaannartariaqartoq, tassa iliuutsit nalinginnaasumik takkuttanngimmata, kisiannili aaqqissuulluakkamik sungiusartuarnikkut anguneqartarmata. Nalinginnaasumik piginnaaneqarluni inunngornertut ilernaviannggilaq. Tamatuma assigaa soorlu niuusaqarluni; niuusaq qanorluunniit pitsaatigigaluarpat niorisimasatut pitsaatigilersinnaanngilaq. Tassami ilisimajuartariaqarpoq taanna piviusumut taartaaginnartoq. Aamma uumaatsulerinermit assersuutissaqarpunga (uumaatsulerineq kemi nuannarisorujussuanngorakku "uumaatsulerillammattut" taaneqarsinnaalerlunga). Stoffit stoffinit allanit sunnerneqaraangamik arfineq-pingasunut malittarisassaq malillugu qisuariartarput, tassa atomi qalipaasamini qallermi arfineq-pingasunik innaallagissakkut aqquteqassaaq, saffiugassat erlinnartut akisuut assigalugit. Tamanna pisinnaassappat innaallagissap aqqutaanik amerlanerusunik pisariaqartitsivoq imaluunniit ikilisaasariaqarluni. Kiisalu kissaatigineqartutut qalipaasamini arfineq-pingasunik aqquteqaleruni, saffiugassat erlinnartut akisuut assigilernavianngilai, tassa immiinera aqqutigisaminut naleqqunnavianginnami, tassalu immiinera plus-iusinnaalluni imaluunniit minusiusinnaalluni, assersuutigalugu Na+. Tassa imaappoq saffiugassatut erlinnartutut akisuutut ilisoqarsinnaanngilaq, taamaattooriinngikkaani. Assigiinngissuteqartuaannassapput.

Atuarfimmi namminersortumiippunga ukiup aappaata affaa missiliorlugu, tamatumalu kingorna VUC-imi aallartillunga. Inersimasunut atuarfimmi VUC-mi atuartuuneq uannut ajornanngitsunnguuvoq, tassami holdini ataasiakkaani atuartaratta inersimasut tassani atuartuusut imminnut akuleruppallaarneq ajoramik. Sapaatip akunneranut nalunaaquttap akunneri marluk-sisamat taamaallaat ataatsimoortarpugut, holdinut allanut allanik inuttalinnut ilaajartoqattaartaratta. Kisianni tassani inersimasunik attaveqalinngitsoorpunga, ilinniartitsisullu akornanni nuannaartorisaqalernanga. Atuarfimmi namminersortumi klasselærera maqaasisorujussuuara, naapeqqinnissaalu kissaatigalugu. Aallaqqaammut tamanna ajortorujussuuvoq, tassami nuannarisorujussuunikuugakku, takussaarakkulu maqaasisorujussuullugu. Tamanna aatsaat qaangiuppoq teknikkimut tunngasunut ilinniarnertuungorniarfimmi atualerama, aammattaaq isumatsangaarsimanikka tassaniilerama aatsaat qaangerpakka.

Isumaqarpunga tamatumunnga pissutaasoq ukiuni pingasuni anguniagara annerpaaq tassaanikuummat ima pikkoritsigilissasunga ukioqatikka assigalugit ilinniarnertuungorniarfimmi aallartissinnaanissara. Kisianni aamma soorunami pissutaavoq atuarfiga iluarinartilluinnarakku; ullut tamaasa makittarpunga atuarfiliarnissara qilanaaralugu. Aamma alla pissutaasoq tassaavoq suliassaqartangaaratta pisunik allanik, autismemillu eqqarsaateqarnissamut piffissaqarneq ajoratta. Nuanniilliuuteqarnissamut piffissaqanngilluinnarpunga, ilaaniaraanni malinnaaniarneq kisiat aallunneqarsinnaavoq, uangalu ilaarusuppunga! Taamaattorli oqaatigerusuppara ilaannikkut qasusorujussuusarama, nukissatuarilertarlugu assersuutigalugu qarasaasiatut 15 megabyte-tut sakkortussuseqartutut, imaalu programmerpassuarnut atorneqarsimasutut nallukattanillu pinnguaammik mikisunnguamik immerneqaraluaruni aserortussatut.

Isumatsangaarnikka pillugit nakorsaatitornikuunngilanga, aammami allanut tunngatillugu iisartagartornikuunngilanga, taamaallaat vitaminit kiisalu aakilliorninnut C-jerninik iioraanikuuvunga.

Nakkarneq

Nalunngilara sapinngitsunga. Nalunngilara tamanna piumagit.
Qularutigisakka naammalluinnalersarput.
"Erseqinak, niaquernianngilassi."
Nipaassuseq ajunngitsuunngilaq. Nipangersimanermilli pitsaaneruvoq, tusaajuk.
Uattulli eqqarsarpit? Nalunngiliuk nipit qanngulunninnguussinnaammata.
Qanngulunneq allanngujuitsoq. Oqartoqanngilaq, eqqarsartoqanngilaq.
Nalunngiliuk kiserliorneq inummut qanoq iliorsinnaasoq?
Eqqarsaatigiuk mattusimaneq uattut issimasumut qanoq iliorsinnaasoq.
Oqartoqanngilaq, oqartoqanngivippoq, eqqarsartoqanngilaq.
Kisiannili eqqarsaatit inuttulli nipiliortarput.
Anerusupput.
Eqqarsaatigiinnariaruk nipaassuseq itingaarsinnaammat, allaat tarrarsuutit nungullugit aserorsinnaallugit.
"Erseqinak, niaquernianngilassi."
Naagga, eqqarsaatit tamanna nalunngilaat. Allanit tamanit nalunnginneruaat.
Nalunngilaalli aamma nipaassuseq toqutsisarmat.
Nipaassuseq toqutsisarpoq isumaqatigiinniaqqaarani.
Ataatsimilluunniit periarfissiinani.
Silammut matu qallivoq,

eqqarsaatillu nalunngilaat
Nalunngiliuk kiserliorneq inummut qanoq iliorsinnaasoq?
"Erseqinak, niaquernianngilassi."
Naagga, tamanna eqqarsaatit nalunngilaat.
Inuk ilittut ittoq nuannareqaara.
Nipaassutsip
tarrarsuutit takusakka tamaasa sequmittarpai.
Ingerlavutit, tiimi naavoq.
"Weekendisiorluarisi. Ajunngikkisi."
Eqqarsaatit isumaliorput: "Oqarit illillu."
Qaa, oqarit.
Nipaassuseq
Kingusinaarpoq, allat qarngi sukkanerupput.
"Ajunngikkisi!"
Igalaamineq tummaarivara.
Nateq soorlu tassa nittaallat tusindtillit.
Nillertoq annernartorlu.
Nalunngiliuk kiserliorneq inummut qanoq iliorsinnaasoq?
Eqqarsaatit inuk ilittut ittoq nuannarisorujussuuaat.
Kissarpunga ilisimaannassagit.
Ilisimassagit eqqarsaatit nipaassusermik qanoq kipititse-
rusutsigisut.
Takutillugulu qamanerujussuaq uummat nassaassammaat.
Illit pittut ittoq.

"Nipaassuseq kipitissinnaannginnakku" amerlaqisunik
nanertisimaruluttarsimaqaanga. Maanna inoqasersorneq
oqalunnerlu pillugit isumaliutersuutinik ilisimasaqalersi-
maqaanga, uangali suli nammineq saperpunga. Silarsuarmi
taama anniaatigisimasaqartigisimasorinngilanga. Akulik-
itsunik imminut aperisarpunga sooq sapernersunga. Aku-
likitsunik imminut aperisarpunga imminut anniartinneq
mattusimanerlu nuannarigakkit taama innersunga, kisianni
apeqqut sumulluunniit saatsikkaluaraangakku akissutaa
naaggaajuaannarpoq. Aammaarlungali oqaqqissaanga ta-
amaalisoqartarmat siornagut iliuuserisimanngisaannakkanik
iliorsimatilluni paasinarsisarmat siornagut qanoq pikkorlus-

simatigaluni, eqqarsaatiginarsisarmallu inuit allat tamanna takusinnaasaraat.

Aamma kingullertigut allamik isumalioqquteqalersimavunga, tassa inuunera tamaat sungiusimasimagakku inuit allat uannik ilisarisimannilluartannginnerat. Minnerugallarama imminut oqaluttuarisinnaasarsimanngilanga imminut pillunga ilisimasaqannginnama. Kingorna imminut pillunga ilisimasaqarneruleraluarama imminut oqaluttuarisinnaasannngilanga oqaasinngorlugit anninneq saperakkit, aammalu uannut pissutsikka suli nalorninartoqaqimmata ersernerloqalutillu. Sunut allanut isummakka oqaatigineq saperpakka suut allat pillugit isummersimannginnama, taamaammallu inuit allat isumannik paasisaqarneq ajorput.

Massakkut imminut pillunga ilisimasaqarneruleraluarama sungiusimanngilara inuit uanga isummakkalu pillugit ilisimasaqarnissaat. Inuit ilisimasaqanngivissoratik uanga isummakkalu pillugit ilisimasaqarnissaat eqqumiissinnaaqaaq. Ilaanni isumaliortarpunga suut arlaat pillugit isumammannnik inuit tusarnissartik soqutiginngilluinnaraat, aammalu ilisimasariaqanngikkaat ukiorpassuarni uanga pillunga ilisimasaqanngikkaluarlutik ajornartorsiutigisimanngimmassuk. "Kinaassuseqarani" inuuneq imaluunniit teqeqqumi inuusaliatut kusanartutut imminut paarisutut inoorusaarneq sungiuteriaannaavoq.

Ilaanni kanngusuutigisarpara
taama innera, aamma nipaassusermik
soraartitsisinnaannginnera
Isumaliutigigaanngakkuli sooq taama innersunga
aammalu sooq nipaassusermik kipititsisinnaannginnersunga
taava kanngusunnera kanngusuutigilluinnalersarpara.

126

Autistit aspergerillu allat naapillugit

Uattut innarluutillit amerlanngitsut naapissimavakka. Eqqarsaatiginngitsoorsinnaanngilarali niviarsiaq autistiusoq ilaanni allaqatigisarsimasara. Taanna innarluutillit hiistersartut sungiusaqatigiinneranni naapippara, misigisaavorlu angeqisoq. Ukioq ataaseq allaqatigiittarsimavugut allakkatigullu immitsinnut ilisarilersimalluta. Uattulli nipaatsorujussuuvoq, oqaatsinik atuinngingajavittarluni allakkatigulli allanut attaveqarsinnaasarluni. Allagaatigullu paasisinnaavara assigiissuteqaaloqisugut, soorlu tamatta uumasunik sunillu pinnersunik nuannarisaliuvugut, tamattalu aak erlaviillu amiilaarilluinnarlutigit.

Bavnehøjimi hiistertarfimmut iserniariarmat ingerlaannavillunga ilisaraara. Assinik immitsinnut nassissimavugut, taamaammallu kiussusia takulertorneq ajornanngilaq. Anaanaga kinaaneranik isussuffigigakku anaanama tassunga anaanaanullu uniaasaannarlunga ilassinnikkiartortippaanga. Ullut ingerlammata paasigaluttuinnarpara autismernitsinni qanoq issuserput nalaatsornerinnaanngitsoq, tassami assigiingaaratta putukkukka tamanna pillugu peqikkusungajattarpakka. Uanga tassannga inerisimanerulaaginnarpunga. Ilisarisara tassaavoq inuit nakkunnagit nuna nakkuttuaannartarmagu. Oqalunngilaq, amerlanertigullu akinngivissortarluni, imaluunniit oqaatsit ataasiakkaat paasineqarsinnaanngitsut oqalorussaatigisarpai. Ittoorpasittuaannarpoq. Alarsimatillugu qaqutigut qiviartarpoq.

Pernarlunga uannut taama assingutigisumik naapitaqarpunga, aammalu qangarsuanngorporli misigigama inuttut nalinginnaasutut pissusilersorniartariaqarnanga, tassami takusinnaavara marluulluta eqqumiitsuusugut, autistiugattalumi tamanna ajunngilluinnarpoq.

Kisianni taannalu assigiinngissutigisarput tassaavoq uanga inuup arlaata aperigaanganga eqqortumik akinissara ilikkarsimagakku, aammalumi uannut iluaqutaasaqaaq uannut aperisussaqariaraangat. Arlaannik iliuuseqarfigerusungaalerpara ingerlaqqinniarneranilu ikiorusungaalerlugu, nalunngeqqissaarparami qanoq innersoq misiginersorlu. Arnaa oqaloqatigitsiarpara, isumaqarpungali niviarsiaq taanna oqaatsimik ataatsimilluunniit oqaloqatiginngikkiga. Angerlarattali pisut pillugit immitsinnut allaffigeqatigiippugut, paasivaralu nuannaarutigisimagaa.

Uangali aamma pissarsiaqarfigaara, paasivarami inuit taassumatut uattullu ittunik naapitsigaangamik sooq peqqusiileqilersarnersut, ilami uagutsitut ittut qanoq iliorfigissallugit nalunartaqaaq. Takunermi ajornaqaaq suna eqqarsaatigineripput, qanoq isumaqarnersugut suullu nuannarinerivut, ilami matoqqarpasittuartarpugut. Taamaammat sumiginnarluaannarluta oqaloqatiginiaratalu aammalu qanorluunniit ittumik attaviginiarata ajornannginnerusarpoq. Anaanama allaqatigisartagara oqaloqatiginiartaraluarpaa, ilaannili iluatsitsissanani. Anaanaga ilisimasaqaraluaqaluni taamaattoq oqarpoq oqaloqatiginiaraluarnera assut ajornakusoortoq, nalornissutigilertarinilu allaffigisartagara sumiginnaqquinnarnersoq, aammalu oqaluffiginngilluaannassanerini.

Aamma allat naapittarsimavakka autistitut pissusillit, kisiannili nappaataat suussusersineqarsimanngitsut immaqalu taamaattunut assingussuserminnik ilisimasaqanngitsut. Amtsskolemi naapippara niviarsiaq hiistiutilik (nordbagge), qapukkaluaqaaq kisianni sumilluunniit oqaatiginiakkaminik annissaqarani. Nappaaterpassuit ajoqutigisani aammalu nordbaggeunnilu eqqartortuarpai. Qassissoriarluta hiisteqatigiippugut, ajunngilarlu naak oqaloqatigiissutissaqangaanngikkaluarluta.

Atuakkat autistinit allagaasut qassiit takusimavakka, ilaallu atuarsimallugit. Pineqartoq pillugu atuagassakka amerlivallaartoortissinnaasarpakka, taamaammallu annikitsunnguakkuutaartarpakka.

Atuakkat amerlanerit uannut soqutiginaateqanngillat, takusinnaaginnartarparali allattaaq soqutigisaat inooriaasiilu killeqaqisut kiisalu eqqumiitsunik isumaliuteqartartut, aammalu inoqasersortuunngitsut. Atuagaq uannut soquti ginarnerpaasimasoq Gunilla Gerlandsip allagaraa, Et rigtigt menneske (Inuvik, nuts.); naak nalaassimasavut assigiinngikkaluaqisut taamaattoq pisimasunik ilisarisaqartarpunga, uannik eqqarsalersitsisunik pisartut allaaserisai uanga qanoq tigusarnerikka.

Allappoq nutaanik takusarpassuaqartarnini paasisarpassuaqartarninilu akuttusinani uissuummissutigisarlugu. Assersuummik taasaqarsinnaavunga: Tupaallassimaqaaq paasigamiuk inuit illup silataaniittut aammattaaq taakkuummata illup iluani najugallit.

Nalunngilara uanga nammineerlunga tamakku paasisinnaanavianngilluinnarikka, aatsaalli paasisinnaagikka oqaluttuunneqaruma, puigortassagikkalu qasseerpassuariarlunga oqaluttuunneqartanngikkuma. Uanga namminiivillunga paasisaqanngisaannarsimavunga, tamannalu nalunngilara oqaluttuunneqarsimagama.

Isumaqarpunga niviarsiaq taanna uannit tappinnerusoq, uangali tusaasinnaassusera atorluavittarpara. Tusaasakka takusannit eqqaamalluarnerusarpakka.

Meeqqerivimmiinninnit eqqaamavara nalugaluarakku meeqqat allattaaq aaneqartarmata aammalu angerlarsimaffeqarmata. Qanga tamanna ilisimalerneriga eqqaamanngilara, anaanamali oqaluttuuppaanga nalunaaqqutaq 14.30 aagaanganga meeqqat allat paarnartuuttut issiaqatigisarikka. Meeqqat allat qiimallutik paarnaminertuuttarput uangali paarnamik tigusaqarsimasanngitsunga, niaquusarlu paarnaasivik minutsit qassissunnguit ingerlaneranni imaaruttartoq. Uangali issiavimmi eqqissivillunga ilorrisimaarpasillunga qungujulallunga issiasartunga.

Imaapporli paarnaasivik saqqummerneqaraangat angerlartussanngortunga ilikkarsimagiga, nalugigalu allattaaq aamma angerlarsimaffeqarmata. Malugisimaannartarpara uanga immikkut ittumik peqarama; angerlarsimaffik, meeqqallu allat meeqqerivimmiittuaannartuusut. Taamaammat ajorineq ajorpara allat paarnat nunguttarpatigit. Tamannali anaanama

isumaliornartoqartittarpaa, ugguutigisarlugulu arlaata paar-
nallerfigineq ajormanga, allalli nunguutsiinnartarlunga.

Aamma nalunngilara aaqassusera erlaveqassuseralu paasi-
gakkit assut eqqarsaatikkut amiilaarsimasunga. Oqaaseq aak
eqqarsaatiginerluunniit ajornaqaaq. Aatsaat taamaakkunna-
arpunga aakilliorlunga napparsimavimmiilerama aaverse-
qattaartualeramalu.

Aamma niviarsiaraq inuusat inuit assigimmatigit ersigisarai
atuarsimavara. Uanga inuusat bamselluunniit ersiginngisa-
annarsimavakka, aamma takusinnaanngisaannarsimavara
inuusat inuit assigigaat. Meeqqatut allatulli inuusannattar-
simavunga, nassakattarinissaallu ilikkarsimallugu, taamaa-
liorumasarpungalu kajumissaarneqaraangama. Anaanamalu
inuusap qamutaaraanik kaasuaanissara kissaatigigaangagu
aamma taamaaliorsinnaasarpunga. Immaqa tamanna sumik
siunertaqarnersoq takusinnaaneq ajoraluarpara, kisiannili
aperineqaraangama nersorneqaraangamalu taamaaliloruma-
saqaanga.

Qatsukkaangakku ingittarpunga inuusallu isigai assaalu
kimmalersarlugit. Barbiedukkit 20-t missaat, assaat isigaal-
lu mangiarnerlukut, piginikuugunarpakka, naggataagullu
pinngussannik aserorterisarama naveersippunga. Suut tama-
asa pimoorulluinnarlugit tigusartuugakkit sumik aserorni-
kumik takugaangama assorsuaq ajorusulersarpunga. Uanga
pikka allanut attoqquneq ajorpakka, uangalu aalajangersima-
suinnaat - mianersuutingaarlugit - attortarpakka allallu attor-
neqassanngillat.

Aamma nukappiaraqarpoq anaanama ikinngutaata inera-
nik. Action Manit pinnguarissallugit nuannarilluinnarpai.
Peqaqaaq, uanga alutorisarpakka eqqartortuaannarmagit.
Pinnguariuaannarpai, pinnguartarneralu uanga peqataaffi-
gisinnaasarpara tassami eqqakattarisarmagit nipilissuarmillu
aserortarlugit. Nuannertaqaaq taamaammalu marluullunuk
aserorterisarpugut qitutsittuinnanngorluta.

Uanga suut pinnersut qillertulluunniit nuannariuaannarsimavakka. Naasut, pinnersaatit, atisat kusanarsaakkat aammalu allarpassuit.

Ullumikkut tamakku iluamik isigilersimavakka; suli naasut nuannareqaakka, inneruulamillu nusutsineq saperpara hiistimut nerliusassarinngikkaangakku.

Atisat kusanartut smartiusullu nuannarisaraakka. Atisat mærkii pillugit nuannarineqartartut soqutigivallaartorsuunngilakka, akikikkaluarpatalu akisugaluarpataluunniit soqutigineq ajorpara. Taamaallaat uanga nammineq kusagalugillu smartitut isigigukkit naammagisarpara, angisuujullungalu (182 cm) amitsuugama (60 kiilu) atisat iluarisakka naammagisuaannarpakka. Pingaartittaqaaralu pissusissaatut atisimanerikka aammalu qalipaataat tulluarnersut. Ukiualunnguit matuma siorna aatsaat tarrarsortalersimavunga, kisianni anaanama qanoq atisalersorsimanera pingaartittuaannarsimavaa. Atisakka amerlangaarmata meerarpassuarnut naammassagaluarput.

Kusanarnera tusassallugu nuannaruutigiuaannarpara, nammineerlungali eqqarsaatigisarsimanngilara suut atornerikka aamma atisakka qanoq innersut. Anaanama atisassakka piareertarpai uangalu atisarpakka. Puigugaqarsinnaasarpunga atinerlutaqarsinnaasarlungaluunniit, taamaammat ilaanni atisalersornerlussimasaqaanga. Pingaartumik tunora ajortarpoq. Tunoqarnera eqqarsaatigineq ajorpara, anaanamalu ingerlannginninni atisakka iluarsisariaqartarpai. Takoqqikkaangangalu atisakka ajortilluinnareersimasarput. Sumut arlaannut qimagaasaqaanga, aperineqaraangamalu sumiinnersut akisinnaaneq ajorpunga. Paasisimanngilara uanga atisarigakkit paarisassarigikka.

Torersaartorsuunngilanga, torersaassinissarlu eqqarsaatigineq ajorpara. Atuakkat allallu atuarfimmi atugasakka torersuutittarpakka, allalli uninngaannartarput allanit qatsunneqarlutik torersaanneqarnissamik tungaannut. Suliassat nalinginnaat sapinngilakka, qulliunerusunilli peqquneqartinnanga suliarineq ajorpakka suliassat nalinginnaasut eqqarsaatigineq ajorakkit, aammami atuarfimmi suliassakka suliarisaqigakkit allanut piffissaqangaarneq ajorama.

Tungujortoq aappalaartoq

"Oqaaseq assimik ersersitsisoq nassaariuk."
"Naalliunneq"
"Naalliunneq qanoq?"
"Naalliunneq sooq?"
"Asseq arlaatigut alianartortaqarpoq, soorlu
asanninneq inerteqqutaasoq."
Nipit aappaat oqaatsinik nunguutsivoq.
Assaap inuttaa amerlaneroqisunik ersersitsisinnaavoq.
Assaap assiliaq ammut attuuavaa.
Titarnerit atuarpai,
aammalu orpik tungujulasoq qorsorpaluttoq.
Inuit marluk uniffigitsiarpai,
kiinaasa ilusai inussaminik malillugit
taavalu illoqarfik aappaluttumik aamaartoq tulliullugu at-
tuuallugu.
"Isumaqarpit asanninnerat pikialasoq
orpittullu tungujulasutut qorsorpaluttutut angitigisoq?
Taamaattorli alianarpoq, annernarluni
maqaasinermillu pilersitsisarluni.
Takuarput qalipaatit avatangiisuusut.
Ersersillugit aliasunneq maqaasinerlu.
Illoqarfik aappalaartumik aamaartoq
kissamik amigaateqanngilaq.
Tunisinngilarli aamma.
Allaanngilaq paarlaassimasut."
Assaap inuttaa assilissamiit alitsiarpoq.
Nikuilluni nakkuppaa.
Taavalu qimavillugu.
Oqaaseq assilissamik oqaluttuartoq tassaavoq:
"Aliasunneq."

Perorsaariaatsit

Meeqqat autistiusut suliffiginiaraanni pingaarnerpaavoq uanga oqaatigisartakkattut "autistitut komartussanngorlugit (siniusartussanngorlugit, nuts.) nammineersiinnartannginnissaat. Tassa soqanngitsumiittutut issuseq, inuunerup siunertaa tassatuaalerluni timitaqassuseq. Qanoq issuseq suussuseqarfiunngitsoq. Eqqarsaateqarani, misigissuseqarani, tassa kisimi soqanngissuseq. Allaanngilaq meeqqap nammineertitaaginnarfia tamarmi kinguariarfiusartoq, soorlu inerikkiartorninni angajoqqaama uangalu nammineq misigisarsimagipput. Meeraq autistiusoq iliuuseqartuartinneqartillugu qanoq pisoqartassaaq, imaassinnaavoq nikerianngitsoortoq siuariartorluunniit, kisianni tamanna kinguariarnerunngilaq. Taamaaqataanilli eqqaamasariaqarpoq meeraq autistiusoq ilaanni aamma unillatsiarfeqartariaqartarmat. Taakku marluk immaqa ataatsimoortikkuminaassinnaasarput. Meerarli oqarfigineqarsinnaavoq massakkut unillatsiassasugut, tamannalu perorsaanermi unillatsiarnertut issinnaasarpoq.

Autistitut komarneq tassaavoq uanga atortuarsimasara, kisianni iliuuseqartinneqaraangama suliaqartitaagaangamalu soorlu sumik arlaannik pisoqartartoq. Allaat fjernsynertillunga taama ittarpunga. Fjernsynip skærmitaa isiginnaaginnartarpara sumik takusaqassananga. Anaanama takusarpaa isikka aalariartinneq ajorikka aammalu fjernsynimi pisut qisuariarfigineq ajorikka. Kiinnara allannguallatsissanagu fjernsyni nakkuterusaaginnartarpara. Qanoq iliuuseqartitaatilluni arlaannik pisoqartarpoq. Suusoq nassuiarsinnaanngilara, uannulli sivitsullartoq iliuuseqartitaasarnera kiisami sunniukkiartulerpoq.

Allatigut assersuusiorneq ajornakusooqaaq ineriartornera qanoq allanngoriartorsimanersoq qanoq iliuuseqartitaasaraangama, misilissinnaavarali. Takorloorneqarsinnaavoq natermiilluni ingerlariaqqissinnaannanilu, taavalu maskiinamut pisuummut qaminngasumut pisitaalluni, taavalu susoqarneq ajorpoq. Taava maskiina ikinneqarpat arlaannik pisoqalersarpoq qanoq iliuuseqartitaalerluni, pisulerlunilu. Alloraraluarluni nikerarfiunngilaq, tassami maskiinami pisuummi pisunneruvoq natermi pisunnerunani. Kisianni alloranginnermut sanilliullugu qanoq pisoqarnerusarpoq. Natermut qanoq aqqartoqassanersoq kia ilisimagaluaqinerpaa, isumaqavippungali maskiinami pisuummi alloralinngikkaani taava sumilluunniit pisoqarnavianngitsoq. Sumik arlaannik ilioraani taava suna alla arlaat tunngavissalerneqartarpoq; qanoq iliuuseqanngikkaanni suna arlaat tunngavissalerneqarsinnaanngilaq. Taava natermut aqqaraanni ilinniarneq alloriarnerit tulleriissaarlugit pisussaq aallartittarpoq, taava ullut arlaanni pisussinnaalernissaq utaqqiinnariaqarpoq arpannerlu tullinnguunneqarsinnaanngorluni. Uanga isumaqarpunga suli uanga arpanneq tikissimanngikkiga.

Autistinik filmiliat takusimassakka aammalu autistinik perorsaariaatsit eqqarsaatigalugit uanga nuannarilluarpara danskit filmiliaat Det Gule Hus, tassanimi autistimut periaaseq uannut piviusorpaluttuuvoq, aammalu autistimut piginnaaneqarluartumut. Ilinniartitseriaaseq aaqqissuulluagaasoq pisariaqartittarpaat, ilinniartitseriaaseq taanna "perorsaasumut" angisuunik piumasaqarfiusarpoq qanoq oqassanersoq kiisalu qanoq iliussanersoq, taavalu qanoq autistiusumut piumasaqaateqarluni.

Periaaseq Son-Rise piviusorpaluttuuvoq, qularinngilaralu tatiginnillunilu qanoq iliuuseqartariaqartoq meeraqaraanni autistiusumik imaluunniit meeqqamik autistiusumik sullissaqaraanni, imaaginnanngitsoq meeqqap inuiaqatigiinni ingerlaqataanissaa kissaatiginarmat, aammali angajoqqaajulluni imaluunniit "ikiortaalluni" meeraq autistiusoq, ulluinnarni sunik ajornannginnerpaanik pisinnaasaqanngitsoq, naalliuttoq isigiinnarneq ajornarmat.

Periaatsimi Son-Rise-mi atorneqartumi nuannarinngisara tassaavoq taanna peqqissisitsisussatut isigigunarmassuk. Isumaqavippunga autisme nappaataanani innarluutaagami katsorsarneqarsinnaanngitsoq, kisiannili periaatsit eqqissilluni, aaqqissuulluakkamik aammalu sungiusarlugit atorneqarunik iluaqutaasinnaalluarput. Meeqqap inunnguuseralugu innarluutigisaa akueriinnartariaqarunarpoq, meerarli sakkussaanik tunineqarsinnaavoq qanoq iliuuseqannginnermit ingerlalluarnerulissutigisassaanik. Isumaqarpunga tupinnartuliaasumik iluarsiissutissaqanngitsoq, kisiannili perorsaariaaseq pitsaasoq erinitsajuiffiusorlu siunissami iluaqutaalersarput.

Eqqoriaalluni isummamut tassunga uanga assersuutissaalluarunarpunga, ilumulli autismemik ajorunnaarsitsivissorsinnaanersoq aatsaat ukiut 20-t qaangiuppata akisinnaalissagunarpara. Qaratsap ajoqusersimaneranik eqqoriaasarneq upperaara. Upperaara eqqoriaalluni isumaqartoqartarmat meeraq takunnissinnaassuseqartanngitsoq, tusaasinnaanani, misigissuseqarani aammalu avatangiisiminiit sunnerneqarsinnaanngilluinnarluni. Meeqqat nalinginnaasut inunngorneranniit timaasa akuisigut tamanna aallartittarpoq, kisianni qarasaa ajoquteqarpat, imaluunniit erniunerani ajoquserneqarpat, taava qaraasani aallartittussaagaluaq aallartinneq ajorpoq, qarasarlu avataaniit nalinginnaasumik sunnerneqarsinnaanissaminut inerinngitsoortarluni.

Uanga autistit nalinginnaasut ilagigunarpaannga, tassa ajornerpaajunngitsut, eqqarsartaatsimikkut amigarluinnarsinnaasartut, kisiannili perorsarneqarsinnaasut ilagigunarlunga. Meeqqerivimmiittartutut ukioqarninni avatinni susoqarnersoq takusinnaanngilluinnarpara. Suut tamarmik paatsiveqanngilluinnarput, kisiannili eqqarsanngilluaannarnikkut ajornartorsiuterpassuit avaqqussinnaalersimavakka. Aatsaat ajutoortarpunga nipinik malugissutsima piareersimaffigisimanngisaannik takkuttoqaraangat. Eqqaamasinnaassusikitsuararsuusimasungaana. Massakkorpiaq pisut eqqaamasarpakka, allat tamarmik tammartarput. Kiserngoruttutuaasarpoq nalaassimasannik malugisimassusera. Taava taamatut nalaataqaqqikkaangama eqqaamasinnaasarpara nalaatara ajunngitsumik ajortumilluunniit misigisimaneriga.

Ajortut pinngitsoorniartarpakka, ajunngitsulli ajorineq ajorpakka sumik nuannersumik atugaqareersimanngikkaangama. Suut arlaat ima ajortigisinnaasarput timikkut iluaalliuutigilersarlugit. Mikigallarninnit eqqaamasatuaraara sunik arlaannik qillaalasunik qaamasunik takunnissinnaasarnera. Qulliit nakkuterujoorsinnaasarpakka, takusakkalu siulliit tassaapput qulliit. Inuit isarusseraangata ornillugit nakkuttarsimavakka (unnia), immaqaliuna isitai qillaalasut kisiisa isigisarsimagikka.

Naamasinnaassuseq aamma pikkoriffigisama ilagisimavaat, anaanagalu tipaagut ilisarisarpara, kisianni isumaqarsimanngilanga nammineq taanna inuussuseqartoq, ataasioqatigisorigaluarparali.

Suut aalarrajuttut allat arlaatigut attaveqarfigalugit takusinnaanngilara, taamaammallu isumaqarlunga uannut attuumassuteqanngitsut. Attuumassuteqarsimagaluaruttami immitsinnut atasimassagaluarpugut.

Nalunngilara qarasara kigaatsuararsuusoq, tassa malugissutsikkut paasisassannut aammalu sunut nutaanut ilinniagassannut, taamaammat tupinnartuliat upperinngilakka, upperivakkali allamut saannaveersaaqqissaarluni sungiusarluni uteqattaarineq aammalu allamut saannaveersaarsinnaassusimininnguamik atuiffiusinnaasumik avatangiiseqarneq (pigisimagaanni. Piginngikaanni kigaatsuararsuarmik ilinniarneqarsinnaavoq annikitsunnguakkuutaarlugit uteqattaariuartuarnikkut).

Isumaqarpunga kina autistiusoq ilikkagaqartuarsinnaasoq. Apeqqutaaginnarporli sumik. Nassaaruit soqutigisinnaasaanik, tassa nassaaraat attaveqaatissat, tupinnaqaarlu takorluuisinnaassuseqaraani attaveqaatikkut tassuuna suut anngunneqarsinnaanersut.

Arfinilinnik ukioqarlunga hiistiaqqamik ponymik pinnappunga. Pernarlunga soqutigisannik takuvunga, angajoqqaamalu paasivaat suut silarsuarmi nassaassaasut tamarmik soqutigisannut tassunga attuumassuteqartinneqarsinnaasut. Soorlu hiisti kalitamut (trailer) pisillugu kalinneqarsinnaavoq; tassalu lastbiilip tunuaniittartoq tassaavoq kalitaq. Hiisti paaqqutarisassaavoq, kumigartugassaalluni, anoqartariaqarlunilu. Qanoq iliussanersoq aalajangerneqarsinnaavoq, soqutigisarlu taanna atorlugu soqanngilaq ilinniarneqarsinnaanngitsumik. Niviarsiaqqanik inoqasersoqqaartalerpunga hiistera qimusserfigiumasalermassuk paariumasalermassullu. Tamakku paasisinnaariarakkit pinnguarnertut ittumik saqqummersoqarpoq. Tassami ataaseq suliaraarput uangalu taakku naligaakka. Kingorna allanneq ilinniarpara niviarsiaqqap sanilitsinni feeriartup allalluni hiisti qanoq innersoq apeqqutigimmagu. Anaanama ikiorpaanga, uangali allanneq ilikkarusulerpara. Allanneq ilikkakasikkakku niviarsiaraq taanna soqutiginnigunnaarpoq, uangali hiistit pillugit atuagassiani niviarsiaqqanik allanik nassaarpunga.

Sorpassuit ajornarunnaartarnerat pillugu pitsavimmik assersuutissaateqarpunga. Isumaliortaatsikkut eqqoriaanerit assigiinngitsorpassuit ilikkarsinnaavakka, aammalu gymnasiami pikkorinnerpaat malinnaaffigilluarsinnaavakka. Ajornartorsiutit naapitassaasarput, inuillumi tamarmik ajornartorsiuteqartarput, inullu timimigut amigaateqarluni inunngorsimappat oqartoqaannarsinnaanngilaq: Nioqaratit inunngorsimavutit, immaqali nissutit arlaatigut naatinneqarsinnaapput." Oqartoqarsinnaavoq:"Nioqaratit inunngorsimavutit, piumasaraarali nammineersinnaanngornissat immaqalu ima aalassaritsigilerlutit innarluuteqartutut misigisariaarullutit." Qanorlu iliuuseqartuartilluta ilungersuutivut kinguneqartuassapput, pingaartumik periaatsit pitsaasut nassaarigutsigit aammalu kigaappallaamik ilikkariartornerput pakatsissutigivallaarnaveersaartarutsigu.

Uangalu imaattarpunga sapinngissinnaasarlunga imaluunniit sapersarsinnaasarlunga. Sungiusartuarsinnaasarpunga, ullorlu pisinnaallunga iterfissara tikillugu sapersartuaannarsinnaallunga, allaaneq ajorpoq siornagut sapersimasaagaluakka saperunnaarsinnaanngorlugit piginnaaneqartitaallunga inunngorsimasunga.

Uagutsinni aamma suut quianartunngorlugit takusinnaajuaannarpavut. Klassinni atuaqatigiit akornanni iligiinniaqatigeeqarpoq pingasuinnik. Uanga sisamaannut ilaavunga,

uangami nammineq iligiinniaqateqarpunga, quiasuutigis-
arparpullu uanga iligisanni, kisimiillunga, naalagaasarama.
Taarsiulluguli ilinniartitsisunik immikkut ilinniartitsisartu-
nik atuinerujussuara usorsisimaarutigisinnaavara, taakkumi
uanga iligiinniaqatigiinnut ilaasinaapput.

Meeqqat autistiusut innarluuteqarnerminnik ilisimatinneqartassappat?

Uanga imminut aallaavigalunga oqarniarpunga uannut pingaaruteqarsimaqimmat autistiuninnik ilisimatinneqarsimanera. Tamanna autismerninnik sulissutiginnilersinnaaninnut tunngaviusimavoq, ullumikkullu tassaalersimavunga autismertoq piginnaasaqarluartoq.

Kisiannili angajoqqaama innarluutinnik oqaluttuummannga paasisama taassuma qanoq tigunissaa nalusimavara. Siutimma illuatigut iserami illuatigut igiinnarneqapallappoq. Taamaammat uannut pingaaruteqarsimavoq angajoqqaama autistiuninnik eqqaaseqattaartuarlunga paasitissinnaalermannga tamanna qanoq isumaqarnersoq. Taama pisoqarnerata kingorna soorlu paasisara taanna qamunga isertoq sulissutigeqqinneqarsinnaalerlunilu. Angajoqqaama innarluutinnik qanorlu kinguneqartarneranik oqaluttuussimanngikkaluarpannga qularnanngitsumik tamanna eqqarsaatigilersimassanngikkaluarpara. Taamaalillungalu taava autistiunera suliarinialersimassanngikkaluarpara.

Aammali oqartoqarsinnaavoq ilisimanngikkallarakku autistiullunga misigisimasarsimanngitsunga ajornartorsiuteqarlunga. Paasigakkuli autistiullunga paasiartulersimavara sunik ajornartorsiuteqarlungalu amigaateqarnersunga. Tamatuma kingunerisaanik isumatsangaartalerpunga aammalu sumik sapigaqaraangama paasinngitsuugaqaraangamaluunniit assorsuaq ajorusuttalerlunga.

Imminut ilisarinerujartortillunga autistiuneralu paasisaqarfiginerujartortillugu ajornartorsiutikka alliartuinnarput, aammalu ulluinnarni autistiunera ajorusuutigiartuinnarlugu. Ajornartorsiutit toqqarlugit qiviarnissaat ajornartorsiutaasinnaasarpoq ilisimanngikkaanni qanoq iliorfigisariaqarnersut qanorlu aaqqinniartariaqarnersut. Ullumikkut pissutsit taama ingerlasimanerat kingumut qiviaraangakku paasisarpara assut artornarsimasoq, kisiannili pilliutigisimasakka kinguneqarluarput. Ullumikkut inuunera nuannaarutigilersimaqaara imminullu tatiginerulersimaqalunga. Autistiunerugallarama nuannaarnangalu aliasuttarsimanngilanga. Soorunami nuannaarneq aliasunnerlu qanoq ittuusut malugisinnaasarpakka, ullumikkulli paasisimalikkannit annikinneroqisumik. Taamaammat piginnaasaqarluartuunissara autistiuninnit piumaneruara naak tamanna ilaanni ilungersunarlunilu artornartaraluaqisoq.

Isumaqarluinnarpunga meeqqat autistiusut taamaattuunerminnik ilisimatinneqartariaqartut, tassa angajoqqaat meerartik paasinnikannersinnaasorilerunikku paasisinnaasaanik oqaluttuussinissamminnut (amerlasoorpassuariarlutik) nukissaqarsorippata. Kisiannili angajoqqaat ilisimatitsiuarnissaminnut nukissaqarsorinngippata taava isumaqarpunga taamaaliortariaqanngitsut. Uangami tamanna pissarsiaqarfigisimassanngikkaluarpara. Meeraq aspergeriuppat taava nalorninerussaqaanga, taakkumi paasinnilertornerusaqaat, aammali autistinit paatsiveerunnerusinnaasaqalutik. Allaqateqartarsimavunga oqartumik nuannaarutigigini aspergeriunerminik ilisimatinneqarsimagami, nalunngilaamigooq nammineq tamanna kukkussutiginngikkini, aammalu sunik sapersaateqarsinnaasarami ilisimaleramiuk, aammalu sorpassuit paasinerluttarumaaramigit kiisalu paasinngisarpassuaqarumaarami. Aspergerimmi inuit eqqarsarnertoorsuupput, autistinit amerlanernit allaaqalutik, ilaasalu nappaatertik paasineqarianngitsoq ajornartorsiuteqarnertik takusinnaasarpaat. Isumaqarpungali periaaseq autistinut atorneqartoq atorlugu iliuuseqarfigineqartariaqartut, immaqa qaffasinnerulaaginnartumik, tassa piginnaaneqarluartuuppata.

Oqaatigiuminaappoq meeqqat qassinik ukioqalerunik ilisimatinneqartariaqarnersut, uannulli 11-12-it eqqaanni ukioqarlunga ilisimatinneqarnera naleqqulluarsimavoq.

Innarluut autistiussuseq oqallisigineqassava nipangiusimaneqassavaluunniit?

Apeqqut taanna akiuminaatsorujussuartut isumaqarfigaara, uangalu akissutissaa pillugu aalajangersinnaanngingajalluinnarpunga. Isumaqarpunga autisme pillugu oqariartuutip anninneqarnissaa pingaartuusoq, taamaammalliuna atuagaq manna allakkiga qarasaasiakkullu nittartagaqarlunga. Kisianni inuit uanga angajoqqaamalu autistiunera pillugu oqaluttuunniaraluaraanngatsigit paasinnittannginnerat misigisaqaara. Autismi pillugu nassuiaanissaq ajornakusoortorujussuuvoq. Oqinnerulernerlumi ajorpoq inuit autistiussutsip suussusia pillugu siumut isummiussimasaat amerlasangaarmata qanorluunniit oqaraluaraanni paasinerluisoqartarmat. Autistiussuseq sutut paasissaanngitsutut isigineqarallartillugu qanoq iliuuseqaruminaatsorujussuusinnaavoq. Inuit paasiuminaatsittarunarpaat autistit equngaqisumik ineriartorsimasarmata, aammalu sunut arlaannut pikkorikkaluarlutik suut arlaat saperluinnartarmatigit. Aammattaaq ajornartorsiuterujussuusinnaasarpoq autistit piginnaaneqarluartut inuit akornanni mattusimasarnerujussuat inuit paasineq ajukkajummassuk, aammalu mattusimaneq qimakkuminaatsorujussuusarmat innarluummut ilaakkajuttarami. "Imaaliallaannaq" qaangerneqarsinnaanngilaq.

VUC-mi 10. klassimiitillunga qallunaatoornermi autisme pillugu allaaserisara oqaluttariarsorlunga soraarummeerutigaara. Autismemut aammalu uanga autistiuninnut tunngasuuvoq. Imarisaasa pingaarnerit ilagaat autistiussuseq pissutigalugu mattusimasarneq, uangalu ilungersorlunga paasiuminartumik ersarissumillu allanniarsimavara. Uanga nammineq isumaqarpunga iluatsilluarsimallugu, allaaserisaralu 10-mik nalilerneqarpoq. Soraarummeereerama angajoqqaakka takkutereersimariarmata karakterissara pissarsiariartorakku iseqatigaakka. Oqaloqatigiinnerput nangitsiarparput, ilinniartitsisoralu ilaatigut oqarpoq allannissannut aammalu ilinniagassalerisarfimmi suliarpassuaqarnissannut assut eqiasuitsuusunga, ilinniartitsisullu allat apersor-

141

tuartaraanni sunarpassuit uannut suliassiissutigisarnerini (allagarpassuarisartakkama ilaat uannut suliassiissutaaneq ajoraluarput sungiusaatigiinnartarikkaana). Taava oqarpoq isumaqarluni tamakku ilaanni unitsilaartariaqaraluarikka pikkorissartullu allat oqaloqatigalugit. Taava eqqarsalerpunga tamannarpiaruna minutsit kingulliit 15-it nassuiaatigini-arsimagaluariga; tassa uanga taamaaliornermut sapersunga. "Unitsiinnarsinnaanngilakka allallu ornillugit inoqasersorlunga" Tassa autistiussuserma ilakutaasa annerit ilaat, mattusimasarama, inoqasersorneq ajornakusooqimmat.

Pisoq alla eqqaamasara tassaavoq anaanama innarluutillit hiisterneranni innarluutilik inersimasoq spastikeriusoq oqaluttuunniaraluaraa autistiussuseq sunaanersoq. Ilaatigut oqaluttuaraa inunnut allanut attaveqarneq ajornartorsiutigisariga taamaammallu ilaanni assut nipaattartunga, nassuiaappaalu sooq. Taamaanniarlutik eqqartulerpaat Jyllandimi unamminissaq, uanga peqataaffigisinnaanngisara angajoqqaama tasamunngaassinnaanngimmannga. Innarluutillup hiisteriap immaqa ilagisinnaagaluarlunga neqeroorutigaa tassamigooq hiistertartut qassiiullutik tasamunngartussaagamik. Angullu taanna oqarpoq aqqutaani aliikkutassaaleqilissagaluaruma biileqativut oqaloqatigiinnarsinnaagikka. Aliikkutassaaleqineq piinnarlugu oqaloqatiginnissinnaanngorsinnaasimagaluaruma taava qularnanngilaq juullimi unnukkut iigaq nakkuterusaartassagaluariga imaluunniit qangarujulli inuit takornartat ungasissorsuarmut biileqatigisarsimassagaluarikka.

Ilaanni misigisarpunga innarluutillit allat innarluutiga nikaginiartaraat. "Immaqaana imminut salloqittarluni taamaattuusorisoq", "katsorsapallassaqqaarparput" aamma "ila inuttut nalinginnaasutut isikkoqaraluarpoq".

Isumaqarpunga isumaliutiginngitsoortariaqanngitsoq inuit allat nammineq imaluunniit qitornarisap autistiuneraneranik oqaluttuussinissamut nukissaqarnerluni. Autistiussutsip suussusianik, qanorlu kinguneqartarneranik inuit allat nassuiaassinnaanngikkaanngakkit assorsuaq ajorusulersinnaasarpunga nikallungarululersinnaasarlungalu.

Oqarumavungali aamma inoqartarmat paasinninniarsaris-artunik naak tamanna ajornakusoorsinnaasaraluartoq. Ata-asiakkaannguit pitsaavissunik misigisaqarfigisarpakka, ilua-risarparalu oqaaserisannik pissarsiaqaaluttutut misigisut nassuiaatissallugit.

Qularutissaanngilaq tusarnaarnissaminnut taarsiullugu inuit amerlanerit autistiussuseq pillugu namminneq eqqoriaanitik siumulluunniit isummiuteriikkatik illersortanngitsuugunik-kit autistiussuseq pillugu tusagaqaraangamik pissarsiaqarne-rusassagaluartut.

Soorlikiarmi aamma inoqartarpoq takunniinnarlutik allaaneq ajortunik Marsermiunik takunnittut imaluunniit niaqulaartu-mik takunnittut. Ilaanni innarluutima suussusianik inunnut nassuiaasarnera qatsulluinnaraluarpara, aamma anaanama, aatsaallu allatut ajornarluinnaraangat nassuiaaniaqqittar-pugut. Eqqaamavara angajoqqaakka uangalu innarluutillit hiisternerannut peqataatilluta angajoqqaat ilaat takkummat apeqqutigalugulu uanga suna ajoqutigineriga. Apeqqut qat-sussimavara qanorlu oqassallunga nalullugu, taava naat-sumik oqaannarpunga autistiullunga. Taava anaannannut saappoq pingaartorsioqalunilu oqalulerluni "taama oqar-toqaannarsinnaanngilaq" aammalu "nassuiartariaqarpoq". Taamaalinerani qiarujussualingajalluinnarpunga imaluunniit paatsiveeruttorsuanngungajalluinnarlunga. Ajoraluartumilli arlaannaalluunniit iliuuserinngitsoorpara.

Oqarumavunga inuuninni ataasiaannavillunga angajoqqa-ama uangalu autistiuninnik oqaluttuarnerput toqqaannartu-mik pissarsiaqarfigigakku, tassa HTX-miillunga. Pernarluta atuarfimmiitilluta ilinniartunut siunnersorti ilisimatippar-put kingorna ajornartorsiutiginnginniassagatsigu. Kingorna paasivara siunnersortip klasselærerissara ilisimatissimagaa autistiusunga. Taava paasereersimammagu nammineerlunga paasisaqarnerulaartikkumallugu aalajangerpunga. Siuller-mik autistiussuseq pillugu allaaserisakkut kingornalu qarasa-asiakkut nittartagara atorlugu.

143

Ajorineq ajorpara atuarfinni ilinniartitsisuma paasisimaga-angassuk, ilaannilumi tamanna iluaqutaasaqaaq. Naluara tamarmik ilisimaneraat. Uanga nammineerlunga taamaallaat klasselærerera/attaveqarfiga, AEL, aammalu tuluttoornermut ilinniartitsisorisimasara ÅSL oqaluttuussimavakka. Autisti-unerma oqaluttuarinissaanut tunuarsimaarneq ajorpunga, tamaaliornerli ajorpunga nassuiaanissaq arlaatigut pisariaqa-linngikkaangat. Taamaalioraangamali ajornartorsiutaasin-naasumik takusassaqarneq ajorpunga.

Atuaqatikka eqqarsaatigalugit taamaaliornissara nalorninar-toqartinnerusaqaara. Oqareernittut atuaqatimma autistiussu-sera ilisimanngilaat, isumaqaannartarlutilli ingerlalluarpal-laanngitsunga eqqumiiginnartungaluunniit. Klasselærima siunnersorpaanga autistiussusera pillugu oqaluttuutissagik-ka. Siullermik taamaaliortariaqarsorinngilanga nalornissutigi-gakkumi qanoq paasisaqartigissanersut, aamma pissutigalugu innarluutiga pillugu misilillugu oqaluttuaraluaraangama amerlasuutigut pissarsiaqangaarneq ajorama. Oqaluttuassa-guma sapinngisamik annerpaamik paasisaqarnissaat pinga-artittarpara, tassami ullut tamaasa takujuartartussaavakka. Nalornivallaaqigama aallaqqaammut ilinniartitsisuma siun-nersuutaa itigartikkaluarpara, qinnuigaangali eqqarsaatige-qqeqqullugu, taamaaliorpungalumi. Ullut ilaanni kajumis-suseqaleraluarpunga, ulluli alla iluatsissangajunnaarlugu. Imali inernilerpara: ulluni taakkunani inoqasersorpallaartor-suunnginnama qanoq pisoqarnissaa takuniaannarlugu misi-liinissaq iluatinnassagaluartoq.

Maanna atuaqatikka autistiussusera pillugu oqaluttuussi-malerpakka. Taamaaliorpunga autistiussutsip ataatsimut isi-galugu suussusia allaaseralugu, aammalu uanga nammineq autistitut innarluutiga qanoq atorneriga allaaserilaarlugu. Klasselærera, AEL, isumaqatigiissuteqarfigaara qallunaa-toornitsinni piffissamik tunilaassagaanga. Isumaqarpunga AEL ilungersorsimanngikkaluarpat uanga nammineerlunga atuaqatima autistiuninnik oqaluttuunnissaannut sapiissuse-qalersimassanngikkaluartunga. Allagara atuaqatinnut tun-niuppara autistiuninnillu nassuiaatilaarlugit, allaaserisaralu pillugu oqaaseqatsiarpunga, qinnuigalugillu tullissaanut atuaqqullugu taamanikkussamut saqqummiussiumaarama. Taamaaliornikkut saqqummiussiinnarnissannut taarsiullugu oqaaseriumaakkannut piareersarnissaminnut periarfissaqalerput. Isumaqarpunga taamaalioraluaruma ataatsikkut ingasappallaalaassasoq, isumaqarpungalu isumaliutigeqqaarnissaannut periarfissaqarsimammata allatorluinnaq sunniuteqartoq.

Atuaqatinnut allagara imaappoq:

Autistiussutsip suussusia

Autistiussuseq tassaavoq inunnguuseralugu tarnikkut innarluut, aammattaaq inuuneq naallugu ineriartornerup akornuteqarneranik taaneqarsinnaasoq.

Autistiulluni malugissutsit nalinginnaasumik atorneqarsinnaaneq ajorput, tassa isigisinnaassuseq, tusaasinnaassuseq, naamasinnaassuseq mamassutsimullu malugisinnaassuseq. Inuit autistiusut amerlanersaasa attaveqarniarnertik ajornartorsiutigisaqaat, autistillu ilaat oqaaseqarneq ajorput (oqajuitsuusarput). Isumaqarpungattaaq autistiussuseq eqqaamaniarnikkut ajornartorsiutinik nassataqartartoq. Inuit autistiusut inoqasersornikkut ajornartorsiuteqartaqaat inuit allat qamuuna qanoq misiginersut takorlooruminaatsittaqigamikku, aammalu paasiuminaatsittaramikku inuit sorpiaanersut, kiisalu namminneq inunnut allanut qanoq attuumassuteqarnerlutik. Autistit inuit allat paasiuminaatsittarpaat namminneq kikkuunertik paasilluarsimasanginnamikku, taamaattarput malugissusii, eqqaamasinnaassusii, eqqarsartaasiilu nalinginnaasumik atorsinnaaneq ajormata.

Autistiussuseq inummiit inummut allanngorartuuvoq assigiinngitsorpassuarnillu pissuseqarsinnaalluni, taamaattorli autistit amerlaaluttunik assigiissuteqartuartussaapput. Ataatsimut isigalugu oqartoqarsinnaavoq autistit inunngornerminniit uumassusilittut qamuunavik pigeriikkatik, ugguunaannaq pisariaqartitatik kiisalu malussarsinnaassusertik tunngavigalugit inuusuusut. Tassa pisunik allannillu eqqarsaatiginnissinnaassusertik tunulliuteqalugu.

Uanga nammineq 1996-imi Center for Autismemit autistitut ingerlalluartutut nappaateqartunga paasineqarpunga, uannullu autistiussuseq eqqaamaniarnikkut ajornartorsiuteqarnermik nassataqarsimavoq. Isumaqarpunga pissutaasoq pisut eqqarsaatigisanngikkaanni eqqarsaatigivallaartanngikkaannilu taava suut tamarmik takusat tusaasallu puiorneqartarmata, tassami eqqarsartanngikkaanni sivisuumik eqqaamasaasivimmut toqqorsisoqarsinnaanngilaq. Paasisassat tamarmik sivikitsumik eqqaamasaasivimmut pisarput, ulikkaariartortillugulu qaratsap paasissutissat tassaniittut igiinnartarpai paasissutissanik nutaanik immerneqarniassagami. Ajoraluartumillu paasissutissat pingaarutillit pingaaruteqanngitsullu taamaalillutik aniasarput, suullu tamarmik massakkorpiaq pisuunngitsut tammartarput.

Paasissutissat aatsaannguaq pisut eqqaamasinnaanngikkaanni taava inerikkiartoqqinneq ajornaqaaq, inuunerlu pillugu misilittagaqaleriartorneq ajornarluni. Kiisalumi aamma inuit allat ilisarilerneq ajornaqaat aammalu allanut inoqatitut pissusilersorfiginnilerneq ajornarluni. Meeraaqqat angajoqqaaminnik allanillu issuaasarnerat pingaaruteqarpoq taamaaliorunik suut arlaat ilikkarsinnaaniassagamikkit, aammalu qanoq nammineertoqarsinnaanersoq qanorlu pissusilersortariaqarnersoq. Autistiulluni tamakku sapernaqaat, tassami takusat tamarmik puigugaanermut tammartarput. Tamaalilluni peroriartornermi tunngavissaalluinnartut amigaatigineqalersarput.

Kingusinnerusukkut, maluginiakkat pinnagit niaqqup atornissaa sungiusartuarnikkut ilikkaraanni, taava peroriartornermi ilisimalersimasassaagaluit misilittagarilersimasassaagaluillu amigaatigineqartarput, suullu tamarmik ataqatigiissusiat paasiuminaattarpoq, aamma inuttut nammineq qanoq ingerlassanerluni.

Malugissutsit sakkukinnerusaqaat pissusissarigaluamittullu atorsinnaanngilluinnarlutik. Eqqaamasinnaasakka kingumut qiviaraangakkit eqqaamasama ilagisarpaat uanga annernermut malugisinnaanngissusera. Orlugaangama malugisaqarneq ajorpunga. Isigisinnaassusera eqqarsaatigalugu suut tamaasa qernertutut, qaqortutut qaserujuttutullu qalipaatilittut isigisarpakka. Aalasut paasilluarsinnaaneruakka, soorlu inuit tassaatikkaluarpakka suut amerlasuut aalasut. Inuit uneqqissaaraangata takunngitsuuittarpakka. Tusaasinnaassusera aamma pitsaavallaanngilaq. Nipit sakkortuut ersigisorujussuuakka, sakkortunerpaalli tusaasinnaanngilluinnarlugit. Meeqqerivimmiittarallarama perorsaasut siutit nakorsaannukartinniaraluarpaannga torlorfigigaangannga   oqaluffigigaanganngaluunniit qisuarianngivissortarama.

Autistiussutsit assigiinngitsut pingasuupput

Inoorlaat autistiusarnerat: Tassaavoq autistiussuseq ilisimasaqarfigineqarnerpaajusoq taamalu aamma ersarinnerpaajusoq. Autistiussuseq pillugu aallakaatitat TV-ikkut takugaangatsigit inoorlaajulluni autistiussusermut tunngasuukkajuttarput. Inoorlaajunermiit autistiusut 75%-ii eqqarsartaatsimikkut amigartuusarput. Autistit tamakku ulluinnarni imminnut ikiorsinnaaneq ajorput. Inoorlaatut autistiusut paaqqinnittarfinnut assigiinngitsunut pikkajupput, pisariaqartitaannik nalinginnaasunik tunniussiviusinnaasunut.

147

Autistit piginnaasaqarluartut: Inuit autistiusut piginnaasaqarluartut silaqassusii nalinginnaasuusarput. Autistit piginnaasaqarluartut qanoq issusiinik nassuiaaneq immini nappaatip suussusianik nassuiaataanngilaq, kisianni inoorlaatut autistiussuseqartutut nappaataat oqaatigineqartarpoq, tassa inuk i- noorlaatut autistiussusilik nalinginnaasumik silaqassuseqartaraangat.

Inoorlaatut autistiussuseq inuit 10.000-iugaangata 5-10-it pigisarpaat. Nukappiaqqat pingasut taamaakkaangata niviarsiaraq ataaseq taama nappaateqartarpoq, agguataarsimanerannulli silatussuseq apeqqutaasarpoq, silatussuseq qaffariartortillugu niviarsiaqqat ikinnerujartortarput.

Aspergers syndrom: Tassaavoq autistiussuseq "sakkukinnerpaaq". Inuit aspergeriusut nalinginnaasumik silaqassuseqartarput. Tassa imaappoq periaatsit isumaliortaatsikkullu eqqoriaanerit ilikkalertorsinnaasarpaat, kisiannili suut tigussaanngitsut takorluuinikkut paasisassat ilikkarsinnaasarnagit. Inoqasersorneq periaatsinik tunngaveqarpoq, tassa pisut aammalu inuit attaveqarfigisat takorloorlugit eqqarsaatigineqartarnerannik tunngaveqartumik. Taamaammanuna inuit taama innarluutillit inoqasersorneq ajornartorsiutigisaqigaat. Inuit aspergers syndromeqartut silatoorujussuusinnaapput. Tassa eqqarsaatersornikkut eqqoriaanerit amerlaqisut ilikkarsinnaasarpaat, taamaakkaluartorli aspergeret innarluuteqarnertik pissutigalugu ulluinnarni ajornartorsiutinik aporaannernillu naammattuugassaqarsinnaasaqaat. Silaqassusersuartik pissutigalugu pilertoqisumik isumatsallutik nikallorulussinnaasarput paatsiveerusimaalersarlutillu. Aspergers syndrom 1992-imi aatsaat nappaatitut immikkut ittutut oqaatigineqartalerpoq.

Autistiusup nappaataa suussusersiniarneqaraangat

ilaanni aalajangeruminaassinnaasarpoq autisti piginnaasaqarluartuunersoq imaluunniit aspergeriunersoq, nalinginnaasumilli oqartoqartarpoq inuk pingasunik ukiulittut oqalussinnaaguni taava aspergeriusimassasoq. Inuk taama ukioqartilluni oqalussinnaanngikkuni taava autistiusimassaaq piginnaasaqarluartoq imaluunniit tassaaginnarluni inoorlaatut autistiusoq. Aamma autistit piginnaasaqarluartut aspergeriusullu assigiinngissusii takulertoruminartarput, tassami autistit piginnaasaqarluartut matoqqanerusaqaat aspergeriusullu ammanerusaqalutik.

Autistitut inuuneq

Eqqaamasinnaassuserma nakkartitsivittut ittuunerata saniatigut autistiussusera uannut aamma allanik nassataqarpoq, tassa inunnut attaveqarneq ilikkaruminaatseqigakku eqqarsaatimmi oqaaseqalersinnaanermut tunngaviliisuusarmata. Tamanna aamma uannut ajornakusoorsimavoq attaveqarsinnaassagaanni inuit akornanni pissusiusartut paasisimalluartariaqarmata aammalu inuit eqqarsartaasii, pissusilersorneri, timimikkut pissusilersorneri, ileqqulersorneri soqutigisaallu paasisimasaqarfigisariaqarmata.

12-inik ukioqarlunga attaveqarluarsinnaanngissusera ajornartorsiutaaqaaq. Pisariaqartitakka annertoorsuunngikkaluarput, kisiannili qanoq oqarnersunga inuit paasisinnaaneq ajormassuk annilaangalersarpunga isumatsallungalu nikalloruluttarlunga. Isumaqarpunga taamani pernarlunga allaassusera paasilersimagiga, tassa oqaatiginiagaagaluakka annissinnaanginnakkit, aammalu ukioqatima pisinnaasaat sapertarakkit. Taamani sorpassuit paasisinnaarpiartanngilakka, annerpaamilli sorpassuit pisullu paasinngilluinnaqqissaartarpakka. Oqalussinnaanngissusera aammalu inuit allat iliuus-

saannik paasinnissinnaanngissusera pissutigalugu ni-
viarsiaraalerpunga nipaaqisoq, oqalunngingajattartoq
arlaannik aperineqanngikkaangami. Allanneq ilikka-
rakku oqalussinnaassusertut ittumik pigisaqalerpunga.
Uannut allanneq ajornannginneruvoq oqaatiginiakkat
qanoq tulleriinnilersornissaat eqqarsaatigissallugu pif-
fissaqarluarnartarmat, pingaartumillu inuk attaveqar-
figisaq piffissaq taannarpiaq isummerfigisariaqarneq
ajormat, aammalu kiinnamigut timimigullu pissusiler-
sornera paasiniartariaqassanani. Allannikkut oqalus-
sinnaassuseq uannut pingaaruteqaqaaq, tassami inuit
allat allakkat atorlugit attaveqarfigisinnaanerat ilikkar-
para, aammalumi allat uattut innarluutillit attaveqar-
fittaarivakka. Soorlu paasereerunnarsigissi oqalunner-
paat ilaginngilaannga, sulilumi nipilimmik oqalunneq
ilungersuutigaara, nuannaarutigiuaannartarparali inuit
allat oqaloqatiginiarlunga attavigigaangannga. Ullu-
mikkut qanoq issusera ajorinngivippara, neriuppungali
ullut ilaanni nalinginnaasutut inuulerumaartunga.

Atuaqatima qisuariarnerat nipaaqaaq eqqissisimaqaluni
pitsaallunilu. Soorunami Rain Man eqqaavaat autistiussu-
seq eqqartulerakku. Maluginiarpara Rain Man pikkunartutut
isumaqarfigigaat. Ajunngilluinnarpoq. Immaqali pakatsila-
arsimasinnaapput telefonbogi A-miit Å-mut alanngaarsinna-
annginnakku.

Isumaqarpunga saqqummiussassara saqqummiukkakku
ajunngilluinnartumik tigugaat, aamma allaaserisara oqaa-
serisakkalu pillugit ajunngivissumik apeqquteqartarput.
Autistiussuseq pillugu oqaluttuarisakka paasilluarpasip-
paat. Oqarput siusinnerutsiartukkut oqaluttuussimasariaqa-
raluarikka tassamigooq sumik arlaannik ajortoqartoq taku-
sinnaagamikku, aperinissarali sapiinnarsimallugu. Aamma
oqarput uissuumisimaaramik eqqartukkakka eqqarsaatige-
qqaartariaqaritik, kisiannili ikiorumavaannga suli anneru-
sumik attavigisalerlunga/saaffigisalerlunga. Ilaat oqarput
oqaloqatiginiarnera ajornakusoorsinnaasartoq amerlanerti-

gut oqaaseqatigiit naatsukullaannaat nangikkuminaassinnaasartut atortarakkit. Tamanna pillugu oqarsinnaavunga ajornartorsiut ilisimalluariga, aammalu suliarisariaqariga. Ataatsimulli isigalugu autistiussuseq pillugu saqqummiussinera iluarilluarpasippaat, aammalu nuannaarutigaat paasigamikku oqaloqatigiissutigalugulu.

Tamanna pillugu misigisara ajunngivippoq pitsaasuullunilu. Oqaannarsinnaavunga nuannaarutigigakku oqaluttuussimalerakkit, naallu pissangalaaraluarlunga autistiussuseq pillugu saqqummiussinera nuannivippoq pikkunarluni, misileqqikkumaqaaralu! Saqqummiussineq atuaqatima apeqquteqarfigisinnaasaat akunnermik ataatsimik sivisusseqarpoq, tassalu sivisulaaveqaaq. Autistiussusera pillugu atuaqatinnut saqqummiussinerma kingunerisaanik maanna autistiunera isertugaajunnaarpoq, aammalumi inunnut ilisarisimasannut allanut. Autistiussusera nipaarsaarutikannersimagaluarparput, maannali tamanut saqqummiunneqarsimalerpoq.

Sulloq

Taarneq, taarneq kisimi.
Allaqartoq nalullugu.
Nalullugulu qaamaneqartoq.
Illuanut saappunga.
Nalavunga sullorlu malugalugu.
Taartoq ammalortoq.
Taarluartoq toqqissinarluartoq.
Nalullugu allaqartoq.
Nalullugu aniffissaqartoq.
Taarneq kisimi.
Illuanut saappunga.
Nalavunga sullorlu malugalugu.
Sulloq ammalorpoq takillunilu.
Mikilluni taarlunilu.
Assannik malugisinnaallugu.
Ullut ingerlammata
paarnulerpunga.
Qasulertorpunga.
Taarneq kisiat isigalugu.
Malugalugu taartoq eqqissinartuusoq.
Kigaatsumik, kigaatsumik
siumut paarmorpunga.
Tassanngaannaq qaamaneq
quppakkut qinngorpoq.
Qinngorpoq nutsakkalu qaammartillugit.
Ippinnaq.
Sumut iluaqutaassagami?
Nakkariataarluni.
Ajoqutigaara.
Paarmoqqilluni qaammanerlu takkuteqqippoq.
Suminguna arlaannik takkuitsuugaqartunga.
Sumik arlaannik pingaarutilimmik.
Upperilerlugu qaamaneqartariaqartoq.
Suli qaammaneq, nassaaralugu.
Suli qaammanermik takusariaqarluni.
Pisariaqartitaq nutaaq pinngorpoq.

Taarnermi qaamaneq maqaasivara.
Naluara sulloq naassaanngitsuunersoq,
nalunngilara tassannga allaasumik peqartoq.
Qinngornerit allat, neriunneq anneq.
Qaamanerinnarmiinnerulli kingorna maqaasineq suli anneq.
Taarneq uumissulerlugu.
Paasilluguli taarneq inuunerma ilarujussuarigaa.
Suli paarmortariaqarluni.
Qasuneq.
Taavami qaamaneq tammartussiaannaasimappat?
Taavami qaamanermik allamik nassaarsinnaanngikkuma?
Illuanut saappunga.
Nalavunga sullorlu malugalugu.
Ammalortoq taartoq.
Toqqissisimanarpallaarunnaartoq.
Maqaasineq maqaasineq.
Sullumi putut alliartuinnarput.
Inussakka mangussinnaavakka qaamaneq kialaarlu
malugalugit.
Tassanngaannaq annernartoq malugalugu.
Inussakka uupput.
Tununnut toqqorpakka.
Sinilerpunga.
Sinnattorlu paatsiveerunnartoq sinnattoralugu.
Silarsuaq artornarnerami?
Qasuneq.
Kissarpunga sinnattunnit iteqqissanngitsunga.
Siniinnassasunga kissarpunga.

Soqutigisakka: hiistit/hiisterneq

Inuunerma ilarujussua hiistinut hiisternermullu atortarpara. Hiistit soqutigisarilerpakka tallimat missanni ukioqarlunga. Taamani Nykøbingimi najugaqarpugut, umiarsualivimmiik-kaa- ngattalu uanga ujarassuarmut issiajartortuaannarpunga hiistertunga takorlooriartorlugu. Meeqqerivimmeeqatiga niviarsiaraq hiistinik soqutigisaqartuuvoq, ullullu ilaanni taanna nalliuttussaasoq anaanaga ilagalugu tunissutissarsiniarpugut. Naggataagut hiistit pillugit atuakkiaq nassaaraarput, misissuataatsiareerlugu aalajangerpunga uangattaaq taama ittumik atuagaatitaarniarlunga.

Nykøbingimi inissiani Gedservejemiittuni najugaqarpugut, Ullut ilaanni igalaakkut silammut itsuartortillunga takulerpara niviarsiaraq ivikkani hiistiaqqami ponymi hiistertoq. Tamanna taamanikkut pisunit eqqaamalluarpara. Taamani inissiani najugaqarnitta nalaani angajoqqaakka videomut immiussisimapput, kingornalu isiginnaallattaartarpavut. Taamaammat taamanikkornitsanik ilisimasaqalaarpunga, uangali pillunga eqqaamavisatuara tassaavoq niviarsiaraq ponymi hiistertoq takugakku. Nukappiaqqat eqqaamiuvut malersoqattaarpai. Isumaqarpungalu misigisaq taanna uannut pingaaruteqarluarsimasoq qamuuna ilorpiakkut misigigama uangattaaq ponymut sukkaqisumut qaqisinnaaguma kigaatsuujunnaarlunga sukkasuunngussasunga allaat allat malinnaasinnaajunnaartillugit.

Angajoqqaakka oqarfigaakka hiistiutitaarusullunga. Quiassuaatigaannga aperalungalu atisaasivinniitinniarneriga. Uteriisertuarpungali, angajoqqaamalu taama aalajangiussisimatigitillunga takusimannginnaminnga paasilerpaat ilumoorukkiga. Eqqarsaatigilerpaallu uanga timinnik atuinermut sungiusaatigilluarsinnaagiga.

Arfinilinnik ukioqarlunga nunaannarmut nuuppugut siullerpaamillu ponyuteqalerpunga. Shetlandspony utoqqallak Trinemorimik atilik, naasorissaasumit tamaani najugalimmit pisiarput. Ungalusannguamik angalaarfissaqartipparput unnukkullu iserfigisartagassaanik illuaranngualiorluta. Hiistis-sagaangatta qaqqivigisarpara ataataamalu tasikumiarluta ingerlatilertarpaatigut. Trinemor utoqqaaqigami taamaallaat alloraannartarpoq pangaligaatsiarsinnaallunilu.

Ukiup affanngungajalersoq ataatama ungalusamut Trinemor alakkarpaa, nalavorlu toqqunngaareqaluni. Angajoqqaama oqaluttuuppaanga Trinemor toqusimasoq, alakkarparpullu. Eqqissisimarpaseqaaq ajunngivippasillunilu. Pukusuani meqquisa ilaannik kipisivugut toqqorlugillu (suli pigaakka, kingornalu hiistiutivut toqusaraangata taamaaliortarneq ile-qquliupparput).

Pony tulliullugu pigiligara qaqqoriuvoq albinoq, tungutsa-rinnik marlunnik isilik. Marlunnik tungutsarinnik iseqarluni qaqutigoortorujussuuvoq, hiistilerituunillu oqarfigineqartu-artarpugut ponymik taama ittumik takusimanngisaannarlu-tik. Snehvidemik ateqarpoq. Nuannarilluinnalerpara, tassa uanga nuannarinnittaatsittut, tassami allatut ilillunga nuan-narinnissinnaassuseqanngilanga, misigisarpungali "nuannaar-lunga", ilagigaangakkulu ilorrisimaartarpunga.

Sivisuatsiamik hiisternermut sungiusartarfimmi ineqartip-parput, angajoqqaakkalu ilagalugit akulikitsunik hiisterfigi-artortarpara. Taava Nystedemut nuuppugut, illutaarpugullu angisuumik ivigalimmik naatsiivilimmik, tassanilu ungalusa-liuupparput hiistertarfiliorlutalu. Ataataga nammineq hiisti-sivoq, tassa Flora, arnaviarsuaq pangaligaartartoq pingasut missaanni ukiulik, hiisterfigisalerpaalu. Snehvide amtsssko-lemi 2. klassimiitillunga toqunneqarpoq. Taamani Landbo-højskolemut ingerlanneqarpoq, tusarparpullu erlummigut kræfteqarsimasoq, tamannalu tupaallaatigeqaarput. Oqar-put inuujuaartussaajunnaartoq aperaatigullu toquinnassan-eritsik. Tusarakku inuunissami sinnerani ajupalaartussaasoq angajoqqaakkalu aalajangerpugut toqunneqaannassasoq. Kingorna taava pernarlunga ponymik unammissutaasartu-mik pisaarpunga, tassa Cherie. Appaloosapony aappalaartoq qulingiluanik ukiulik. Taanna nuannarivallaartorsuusimann-gilara. Kamassimaarujuinnartuuvoq tukertaaniarsinnaasarlunilu. Cherie kusanaqaaq, meeqqanulli inussiarnersorsuunani, immitsinnullu qinngarikujuttuuvugut. Sungiusaatigissallugu ajunngivissuuvoq, taannalu atorlugu pernarlunga pissigartitsisunut unammeqataavunga. Pilerlaat pissigartitsillutik unammineranni kakkannerit sisamanngorama ilungersoqalunga unammivunga.

Ukiut sisamat missaat qaangiummata Cherie tunivarput, massakkullu pigisara, Skakmat pisiaralutigu. Taanna angutiviaavoq aappalaartoq, danskit ponyinit unammissutaasartunit kingoqqisoq. Angutaa hannoveraneriuvoq, arnaalu araberiulluni, ungasinnerusukkut kinguaarinnit ponynit allanit akusaavoq, hiistivinnguatulli pissuseqarpoq. Hiistinik kinguaassiortitsivimmit 1994-imi pisiaraarput, taamanilu pingasunik ukioqarpoq sulilu hiisterfigineqarnermut sungiussitinneqarsimanani. Eqqissiviitsut ilagaat piuminanngivissuullunilu. Qaqqivigisaleqqaarakku sikittarpoq, pissittarluni kingulliiminillu tukertaaniartarluni, hiistit rodeomi atorneqartartut unamminavianngilluinnaraluarpaat! Ataatama ataniarluaqqugaluaraanga sumut tamaanga igitaaqattaaginnarpunga. Naggataagut ataatama qaqqivigaa takutinniarlugu nammineq ataniarsinnaagami, qanorli piva? Skakmatip niaqua qulaallugu igitaavoq. Ataataga nikuippoq silattoqilluaramilu oqaasereqqaagaa tassaavoq: "Tassa aatsaat pony pitsak!" (hiistit iteqanngitsut nuannarilluartuugamigit). Quiagalugu anaanalu illaatiginngitsoorsinnaanngisarput tassaagunarpoq kingorna ataataga qinngasaartittalermat ponyutinnguanni inequnartumi atasinnaannginnami.

Skakmat aqussinnaaleratsigu ponymik allamik pisaarpunga, pony qaqqorik qulinik ukiulik, siornagut hiisterfigineqarsimanngisaannartoq. Zita paarinerlugaasimaqaaq saloqalunilu, pinngitsaaliissummik peersitaasimavoq, sanilittalu pisiaraa, taakkuli qimusserfiginissaannut sungiussilluarsimanngimmata uanga hiisterfigisalerpara, naggataagullu pisiaraarput.

8-15-inik ukioqarlunga ulluinnarni inuunerineruara hiisterneq ponyutinnillu paarsineq. Tassatuaappullu soqutigisavikka. Ataatama atuakkat qallunaatuut hiisternermut tunngasut tamangajassuisa atuarsimavai. Pissigarnermut sungiusarpaanga kingornalu nujuillisaanermik. Ponyutikka ilaginngikkaangakkit "hiistiusaarneq" pinnguaatigisarpara. Qulaassugassat pissigartarlugit hiistertarfimmilu arpaqattaartarlunga, "kusanasaartumik hiistertuusaarlunga". Ponymi hiistertillunga periaatsinut ilikkarsimasannut sungiusarnertut ippoq. Misilillugu maluginiartarpara soorlu saqisaatai hiistip pissinngilaatsiarnerani sukaamigukkit hiistimut qanoq sunniuteqartarnersoq. Pangaligaartilluni pissinneri annikinnerulissapput, pissinnerlu nammineq qumanganerulissaaq, qulaatassarlu portunerusukkut pissinneqartussanngortarluni hiistip allorluartarluni pangaleraarneranit. Tamatumalu kingunerisaanik hiistip qarsutassat pissisinnaanngussavai.

8-11-inik ukioqarlunga pinnguarnikka pisariitsuusarput. Qarsutassaq pissigassaannaasarpoq, sapinngikkukku sapissanngilara, saperukkuli sapissavara. Nissukkut tilluusaqartuaannartuuvunga qisuit qulaatassat niormittuaannartuugakkit.

Hiistinik kusanarsaarluni hiistertitsineq aallutilerakku hiisternerup qanoq ingerlanissaa eqqaamaniagassarilerpara. Hiisteqarnanga sungiusakulasarpara, hiistip allorarneri issuartarpakka, hiistiusuusaartarpunga nujuartaq kusanartoq, peqatigisaanillu qimussernerup ingerlanissaa sungiusartarpara.

Aqqaneq marluk missaanni ukioqalerama qulaassugassat pissigartillugit hiistiusunga imminut takorloortalerpunga. Pinnguarneq uteqattaartagara tassaavoq klasselærerima paasigaa uanga inuunissanniit hiistiorusunnerusunga. Pinnguartarpunga ilinniartitsisora piginnaaneqartoq hiistinngortissinnaallunga. Ajornartorsiulli takusinnaasatuara tassaavoq hiistiuguma inummit pigineqassagama, namminerlu kina piginnitsigissanerlugu aalajangersinnaasannginnakku.

Akunnerpassuit hiistiusaarnermut atortarpakka. Ininni hiistiusarpassuaateqarpunga, pinnguarinissaalli eqiagiuaannarpara. Aalajangersimasumik ilusilerlugit inissitsitersinnaasarpakka, kingornali taamaaliortarunnaarpakka taamaaliortarnera isumaqartippallaarunnaarakku. 13-inik ukioqarlunga playmobilit atorlugit hiistiisiviuteqartuusaartarpunga, taava hiistit pitussimaviinnut pisittarpakka sinaagullu ungalusaliortarlunga. Ilaanni hiistit iniminniittut isigikatakkaangakkit ungalusamut anisittarpakka, paarlattuanillu.

12-13-inik ukioqarlunga innarnialersillunga hiistit arlaat ilisivimmiit tigusinnaasarpara. Taava naamma qaanut ilisarpara, qatsukkaangakkulu siniffiup kiluanut pisarpoq.

Hiisterneq hiisternermilu periutsit eqqarsaatigalugit ponyutinnik sungiusartuarnera ilutigalugu pikkorissigaluttuinnarpunga. Qaffasissuseq eqqarsaatigalugu hiistertarfimmi pissigartuni LA eqqaamioriit akornanni angusimalerpara, tassa imaappoq qulaatassat 1,00 meterimiit 1,10 meteriusarput, tassalu akunnattumik ajornassusilinni qaffasinnerpaaq. Kusanarsaartumik hiisternermi eqqaamioriit akornanni qaffasinnerpaami hiistertarpunga, tassa ponynut hiistertarissani. Katillugit klubbit unamminerini pingasuni 38-eriarlunga kusanarsaartumik hiisternermi pissigarnermilu angusaqarsimavunga, innarluutillillu Danmarkimi pissartanngorniunneranni nr. 2 aamma 4-raasimavunga. Nuna tamakkerlugu unammisuni nr. 1 imaluunniit 2-ngukkajuttuuvunga.

Taamaallunga aamma ataatama hiistiutaa holstenerhesti Slejpner, ataatama qatsutikujuleriarmagu hiisterfigisalerpara, aammami hiistimi hiistertalerusukkama. Allaammi hiisterfigitsiaannarfigisarunnaarpara, tassami piffissara tamangajaat taanna sammisarilerpara. Slejpner hiistiuvoq asanarluinnaqqissaartoq pitsaaqisorlu, kisianni piaraanermini atugarliorsimaqaaq, hiisterfigalugulu piuminaatsorujussuuvoq tamarulliortuaannartuullunilu. Aammali nukittoorujussuuvoq, hiistimillu taassumatut pinertutigisumik takusimanngisaannarpunga. Akunnerpassuit hiisterfigisinnaasarpara taamaattorli soorlu aatsaat ikkivigisutut misinnartarpoq. Ilaanneeriarlunga kusanasaartumik hiisterfigitillugu iluatsittaraluarpara, tamannali sivikitsuinnaasarpoq, arlaannik iliulereersarami. Taava uanga arlaannik aamma tamarulliorniarnerani akornuserniarlugu iliuuseqartarpunga, taamaaliortuarsinnaasarpugullu. Kisianni hiistiuvoq saamasorujussuaq, piuminartorujussuaq, nunnarilluartarpaalu oqaluuterujoorneqarluni qungatsimigullu pattalaarneqarluni, qatsutinngisaannavippaa.

Innarluutillit hiistertarnerannut peqataasaraluarpunga, anisitaavungali uppernarsarsinnaannginnakku qarasara issiavimmi assakaasulittut ittuusoq. Inuk nukillaarsimasunik, equngasunik qeratasuunilluunniit niulik uannit innarluuteqarnerungaartutut isigineqartarpoq - naak aamma uanga nappaateqartunga, allaat arlariinnik, paasineqareersimagaluartoq. Innarluutillit timersuutaannut peqataasartut amerlanerit nappaateqartutut oqaatigineqarsimaneq ajorput, uanga nappaateqartunga paasineqarsimagaluarlunga anisitaavunga. Suut tamaasa misilikkaluarpakka iluaqutaanngitsumilli. Nunami maani peqatigiiffeqanngilaq imaluunniit inoqanngilaq ikiortigisinnaasannik. Angajoqqaakka eqqartuussissuserisumiittaraluarput, peqatigiiffiit aammalu kulturminister Elsebeth Gerner Nielsen allaffigisaraluarlugit (atorfilittaq akivoq qanoq iliuuseqarsinnaanatik). Arlaannaattaluunniit innarluutillit kattuffiat imaluunniit hiistertartut ataatsimiititaliaannut siulittaasoq akerlilersorumanngilaat, taakkulu paasisinnaanngilaat autistit qaratsamikkut ajoqusersimasuummata, allaat ima paasiuminaatsigisumik sumik arlaannik sapinngisaqartoqartarluni arlaannillu sapigaqartoqartarluni, aammalu inuuneq sammisanut ikittuinnarnut annikillisimappat taava allatulli innarluuteqartigisoqartartoq.

Innarluutillit timersuutaanni innarluutillit assigiinngitsunut qassiinut agguataarsimasarput. Immikkoortut sisamaanniittut timimikkut sapinnginnerpaajupput, uangalu immikkoortunut taakkununnga akuerisaasimavunga. Tassa annikinnerusunik innarluutillit peqatigalugit, soorlu qeratasunik paffillit, equngasunik niullit il.il.

Hiistertarunnaarsimavunga kisimiillunga unammisarnangalu hiistertarnissara soqutigiunnaarakku. Kajumissuseeruppunga inuugama ilungersornertooq iliuutsimalu kingunerinik takorusuttartoq, aamma nalinginnaasumik hiistertarnissannut nukissaqannginnatta, taamaaliussagaluaruttami nunami hiisti angallateqattaartassagatsigu, taamaammat uniinnartariaqarsimavunga.

Aamma uanga isumaqaraluarnittut inngilaq, isumaqaralu-
arpungami tamatta innarluuteqarutta taava uanga innarluu-
tiga ajornannginnerusumik paasineqarsinnaassagaluartoq.
Akerlerluinnaanilli pisoqarpoq. Inoqasersorsinnaannginna-
ma soqutiginaateqanngilanga, iluaqutaanerlu ajorpoq uanga
ilungersorlunga inoqasersorniaraluaraangama peqataani-
araluaraangamalu (tassami hiisterneq uanga ilisimasaqarfi-
gilluarakku allat naligalugit peqataasinnaalluaraluarpunga).
Taamaallaat oqaloqatigiinnermut aggeqquinnariaagaluarpa-
annga. Iliuuserisatuaallu tassaavoq annullutik nakkummann-
ga oqarlutillu innarluuteqarpasinngitsunga. Amerlaqisut
spastikeriunertik pissutigalugu equngasunik nioqarput
imaluunniit assaqarlutik (innarluutillit hiisternerinut aku-
erisaasimasut 70%-iisa missaat spastikeriupput), uangalu
nuannaarlunga innarlutaat innarluutinnut paarlaakkumag-
aluarpakka. Aamma tappiitsorpassuaqarpoq, ajunngilluin-
narporlu hiistersinnaammata, uangali autistini kisiartaal-
lunga peqataasimavunga, immaqa kukkuunneqarsimanera
pillugu.

Innarluutillit hiisterneranni angusarisarsimassakka pissu-
tigalugit naatsorsuutigisimavara nunanut allanut unam-
misartunut peqataasussanngorlunga tiguneqarumaartunga.
Ataatama siulittaasuat sianerfigaa aperalunilu nunanut al-
lanut unammisartunut ilaasinnaanersunga naliliivigisima-
neraat, ilisimatinneqarporli taamaaliorsimanngitsut, naak
uanga peqataasinnaannginninnut tunngavigisaminnik oqa-
atigisaqanngikkaluarlutik.

Atuagassiaq Handicapidræt (Innarluutillit timersornerat,
nuts.) aammalu Dansk Handicap Idræts-Forbund (Danskit
Innarluutillit Timersortartut Kattuffiat, nuts.) allaffigaakka
aperalungalu sooq nunanut allanut unammisartunut ilann-
gutsitaannginnersunga. Allakkani "Sooq nunanut allanut
unammisartunut ilanngutsitaanngilanga", Handicapidræt
nr. 8, dec. 1999-imi saqqummiunneqartumi, oqaluttuaraara
autistiussusera sunaanersoq, aammalu autistiussuseq uannut

qanoq sunniuteqarnersoq. Aammattaaq hiistertartut kattuf-
fiat qassissunnik apeqquteqarfigaara. Allakkat tamakkerlugit
saqqummiunnagit apeqqutit kisiisa maani saqqummiutissa-
vakka:

**Sooq nunanut allanut unammisartunut mattunneqas-
saanga?**

Nunanut allanut unammisartunut A-B-nut aammalu
nunanut allanut unammisartut inuusuttaannut tigusa-
aneq aammalu taakkununnga anngunniunneq pillugu.

Nunanut allanut unammisartunut taaneqareersu-
nut tigusaasarnermut piumasaqaatit pillugit oqallit-
toqarnissaa ujartorpara, isumaqarpungami hiistertar-
tut pitsaanerpaat nunanut allanut unammisartunut
ilanngunnissaat anguneqartussanngorlugu taamaa-
liortoqarsimanngitsoq. Ujartorpara unammisartussa-
nik tigusisarneq assigiissaagaanerusoq, nuna tamak-
kerlugu unammisoqarnerani angusaasarsimasunik
isiginninniarfiunerusoq. Aamma pitsaassagaluarpoq
qaffasissutsini assigiinngitsuni angusaasimasunik tul-
leriinnilersuisoqartaleraluarpat, taama takuneqarsin-
naasassagaluarpoq hiistertunut allanut sanilliullugu
qanoq inissisimanerluni, tamannalu aamma nunanut
allanut unammisartussanik tigusinermi najoqqutarine-
qartarsinnaagaluarpoq.

Tupinnanngivippoq paasisinnaannginnakku sooq uki-
uni kingullerni marlunni nuna tamakkerlugu unammi-
nerni qulinngiluani angusarisarsimasakka - agguaqa-
tigiissillugu 2,4-mik angusaqarsimavunga aammalu
98-imi kattuffiup unammersuartitsinerani nr. 2-nngor-
punga - tunngavigalugit nunanut allanut unammisar-
tunut tigusaanissannut naleqqutinnginnersunga? Piffis-
sami tassani nunanut allanut unammisartunut ilaasut
5-miit 1-imut ajugaaffigisarsimavakka. Aamma 18-it

161

inorlugit ukioqarama nunanut allanut unammisartut inuusuttaannut tigusaasinnaagaluarpunga. Maluginiaqqusimavara nunanut allanut unammisartunut tiguneqarusukkama angusarisarsimasakka pissutigalugit, ilisimatinneqarpungali tamakku pillugit eqqarsaatersuuteqartoqarsimanngitsoq.

Nunanut allanut unammisartunut tiguneqarsinnaannginninnut pissutaasinnaasutuatut isigisara tassaavoq uanga allat assigalugit inuit akornanni peqataasinnaannginnera, tassalu innarluutiga innarluutilinnut allanut sanilliullunga aamma ajoqutigaara, taamaammallu uannut nuannissagaluarpoq unammisartussanik tigusinermut malittarisassaqartuuppat erseqqissunik.

Dansk Handicap Idræts-Forbundip akissutaanit tigulaakkat

Pappialaatinni takusinnaavara ulloq 17/3-97 14,5-inik ukioqarlutit innarluutilinnut sorlernut ilaasussaanersutit aalajangerneqarsimasoq. Taamani malittarisassat taamanernitsat malitaraavut, tassalu Danmarkimi innarluutikinnerpaat pillugit malittarisassat ataaniittutut oqaatigineqarputit ilikkalertortannginnerit aallaavigalugu.

Nunat tamalaat akornanni periaaseq alla atorneqarsimavoq sulilu atorneqarluni. Malittarisassat taakku 1/1 1998 Danmarkimut eqqunneqarput. Taanna malillugu hiistertartut sisamanut agguataarneqarput. Ineriartornermikkut kinguarsimasut 3. gradimi hiistertarput. Ineriartornikkut kinguarsimasunut peqataasinnaassagaani 70-imik intelligenskvotienteqartariaqarpoq. Tamatuma malitsigisaanik autistiussuseq nammineq innarluutip minnerpaaffissaanut piumasaqaatinik naammassinnissutaasinnaanngilaq.

Allakkatit eqqortumik paasisimagukkit autistitut na-
linginnaasumik silatussusilittut oqaatigineqarputit.
Tassa imaappoq innarluutillit hiistertarnerannut peqa-
taasinnaanissannut illit innarluutillu piumasaqaatinik
naammassinninngilasi, tassa nunami maani malittari-
sassanik imaluunniit nunat tamalaat akornanni malit-
tarisassanik.

Taaneqareersut tunngavigalugit innarluutillit hiister-
tartut peqatigiiffiannut ilaasortaasinnaavutit aammalu
unamminnerni tamanut ammasuni peqataasinnaallutit.
Kisianni unammisussat agguataarnerini nalinginna-
asuni peqataasinnaanngilatit, aammalu nunanut alla-
nut unammisartunut peqataasinnaanaviarnatit.

Angajoqqaama Dansk Handicap Idræts-Forbundimut akissutaanit tigulaakkat

Maanna aatsaat ilisimatinneqarpugut Saga innarluu-
tillit qimussernerannut peqataaqqusaajunnaartoq. Ili-
simatinneqarsimanngilagut taamani unammisartunut
tigusaagami malittarisassaasimasunit allaasunik malit-
tarisassaqalersimasoq. Innarluutillit hiistertarnerat pil-
lugu malittarisassat nunami maani atuuttut pigaavut,
taakkunanilu allassimanngilaq 70-imik appasinnerusu-
milluunniit isumaliorsinnaassuseqartariaqartoq (intel-
ligens).

Intelligenskvotient pillugu tusarusuppara ilissi taama-
tut uuttortaallusi misissuisarnersusi, tassa isumalior-
sinnaassuseq kisitsisinngorlugu, tassami Danmarkimi
taamaaliortoqartarunnaarsimammat. Isumaliorsinna-
assuseq tassaavoq suut assigiinngitsorpassuit ataatsi-
mut nassuiarneqarnerat, tassaaginnaranilu kisitsit.

Isumaqarunarpusi isumaliorsinnaassuseq ukiut inger-
lanerani inummi allanngorneq ajortoq. Tamanna eqqor-

163

tuugunanngilaq. Autistit ineriartornerat allanngorartorujussuusarpoq, meeraanerminni isumaliortaatsikkut kinguarsimasorujussooriarlutik nalinginnaasumik isumaliorsinnaassuseqalersinnaasarput autistiunerat allannguuteqanngikkaluarluni. Aamma eqqarsartaatsimikkut innarluutillit allat ukiumiit ukiumut allanngoriartortarput, taamaammallu piumasaqaatit oqaatigisasi naammassineqassappata minnerpaamik ukiut tamakkiallugit uuttuiniarluni misissuisoqartariaqarpoq qularnaarumallugu eqqarsartaatsimikkut innarluutillit piumasaqaatinik naammassinnissimanersut.

Sagap innarluutaa innarluutinut annertuunut taaneqartartunut ilaavoq, aammalu isumaliorsinnaassusia annikillisimassappat, soorlu ilissi piumasaqaatit minnerpaaffissaattut taasassitut, taava sunut arlaannut isumaqartumik peqataasinnaanavianngilluinnaraluarpoq, taamalu aamma innarluutillit unammillutik hiisternannut peqataasinnaanaviarani. Taamaammalliuna aamma autistit ilissi piumasaqaatissitut ittumik silaqassusillit unammisarnerni takuneq ajorisi. Unammeqataanissaminnummi saperluinnassapput. Taamaalillusilu aamma innarluutillit sanngiinnerpaat malittarisassatigut tamakkunuuna mattuppasi. Qanoq ililluni innarluutillit ICD-10-p ataaniittut (innarluutilittut nunanit tamalaanit akuerisaasut) mattunneqarsinnaappat?

Paasisinnaavara Saga nunanut allanut unammisartunut tigusimannginnassiuk. Imaanngilaq anngussinnaasimanngimmat, kisiannili innarluutillit pillugit malittarisassani uagut pigisatsinni allassimanngitsut tunngavigalugit. Tamanna utoqqatsissutipalaatut isumaqarfigigatsigu naatsorsuutigaarput Saga ilumoorsimassasoq oqarami unammisartunut peqataatitaanngginnera inoqatiminut attaveqarsinnaanngginneranik pissuteqartoq, hiisternermut piginnaanerinik tunngaveqarani.

Taakkununnga akissutitut Dansk Handicap Idræts-Forbund allagaqarpoq malittarisassanik sisamanik ilanngussartalimmik. Allakkat ima naggaserneqarput: "Taamaalillunga matumuuna suliaq uanga tunginnit naammasissutut isigaara, uangami taamaallaat malittarisassat atortinneqarnissaat isumagisaraara."

Angajoqqaama kulturministeri allaffigigaluarpaat, allatsilli sullissisuusup ima akivai:

Naalakkersuisut timersorneq pillugu politikkianni aalajangiutivillugu tunngavigineqarpoq naalagaaffik timersornikkut kattuffiit anguniagaannut pingaarnersiukkanillu tulleriiaagaannut akuliuttassanngitsoq. Taamaattumillu aamma tamatuma nassatarisaanik kulturministeri Dansk Handicap Idræts-Forbundip innarluutilinnik immikkoortunut agguataarisarneq pillugu malittarisassiaanut akuliussinnaanngilaq.

Taamaammat ministeriaqarfiup suliami pineqartumi ikiorsinnaanngilaasi.

Siunissaq

Siunissaq pillugu isumalluaqalungalu pilersaaruteqaqaanga, annermilli HTX naammassereerlugu ilinnialernissara pillugu. Immaqa maanna allakkakka piviusorpalussanngikkaluarput, akerliali uppernarsineqartinnagu isumaqarpunga piviusunngorsinnaassasut. Københavns universitetimi atuarniarpunga. Maanna takorluukkama annersaraat immaqa napparsimavimmi nakorsanngorsinnaasunga pikkorissoq. Ilinniarneq sivisooq kajungerineruara ilinniartuullunga nuannarisuugakku. Naammassigumali suliffittaarusuppunga pikkorissartuarfigisinnaasannik, tamakkiisumillu ukkassinnaasannik. Uanga ulloq unnuarlu sulinermik ajorisaqanngilluinnartut ilagaannga. Nalunngilara suliat arlaannut pikkorissilluinnarsinnaasunga, suullu tamarmik ajunngitsumik ingerlariarpata taava taamaallunga inoqasersornermut ima pikkoritsigilersimassaanga taamaattuullunga inunnik sullissilersinnaassallunga. HTX-ereeruma immaqa karakterima agguaqatigiissinneri toqqaannartumik nakorsanngornialernissannut naammannavianngikkaluarput, taamaakkaluarpalli hf-imi enkeltfagerniarpunga, ilinniarnertuun- ngorniarfinni pikkorissarniarlunga imaluunniit arlaatigut ilinniartitsissutini pikkoriffigivallaalersimanngisanni pikkorissarniarlunga.

Kollegiamut nuunnissara eqqarsaatigisarsimavara, angerlarsimaffinnili najugaqarnera ajorinngikkallartillugu taanna kajungerinerugunarpara. Immaqali arlaanni pisariaqalerumaarunnarsivoq.

Siunissami kiserliulernissara ersiginngilara. Soorunami siunissaq qanoq nassataqarumaarnersoq naluara, kisianni ersiginngilara. Aamma uininnissaq, qitornartaarnissaq siunissami ungasissorujussuartut isikkoqarput. Kikkut tamarmik uatsinnik ilisarisimannittut oqartarput uitaassaguma pisoorujussuusariaqartoq, tassami angajoqqaama piisaarteqimmannga angisuumik ineeraqartillunga, ponymik peqartillunga allarpassuarnillu peqartillunga. Uangalumi aamma ajorinavianngilluinnarpara pisuumik uitaaruma, aammali asanartuusariaqarpoq silatoqalunilu.

Eqikkaaneq

Minnerugallarama ajornartorsiutiginerpaasara tassaavoq eqqaamasinnaassuserma nakkartitsivittut ussiitsiginera, tassa eqqarsartannginnera pissutigalugu taamaappunga, eqqarsarnanga suut arlaat maluginiaannartarakkit. Kingumut qiviaraangama eqqaamasanni putorsuaqarpoq taartuinnaasunik. Eqqarsaatinik piginngisannik katersuisinnaannginnama soorunami eqqarsaatikka ataatsimut katersorsinnaanngilakka. Attaveqarnerup ilinniarnissaa ajornartorsiutigisimaqaara eqqarsaatit oqaaseqarnissamut tunngaviummata. Malugissutikka, isigisinnaassusera, tusaasinnaassusera malugisinnaassuseralu annerusumik minnerusumilluunniit atorsinnaasarsimanngillat. Suut arlaat aalasut paasisarpakka. Inuit tarraapput taartut aalarrajuttuinnaat. Taamanikkornit eqqaamasakka annikitsuarakkuutaaginnaapput, qernertumik, qasertumik qaqortumillu qalipaateqarlutik. Tusaasinnaassusera eqqarsaatigalugu inuit oqaluffigigaangannga qisuariarneq ajorpunga. Inuit nipaat allaanngillat siutinni niperpalaarnerit imaluunniit qanngulunnersuit, qanoq oqalunnerit nipitutigineri apeqqutaalluni. Niperpalaarneq iluartarpoq, meerparpassuilli ataatsikkoorlutik nillialeraangata "Piitaq aasiannguaq" taava uanga qimaasarpunga. Nipit sakkortuut ersilersittarpaannga, nipilli sakkortoorsuit tusaanngitsuuittarpakka. Inuit tarratut isigiuaannanngilakka, ilaanni takkuitsuuissarpakka. Tusaasakka ilaannikkut ersarissisarput oqaatsillu qassinnguit niperpalaamit immikkoortissinnaalersarpakka. Attuinermut malugissusera atorsinnaanngilara. Orlugaangama malugisaqarneq ajorpunga. Naamasinnaassusera mamassusermillu malugisinnaassusera atorluarsinnaanerpaagunarput. Ilaanneeriarlunga isigisinnaassusernut pitsaavallaanngitsumut taarsiullugu naamasinnaassusera atorniarsarisarpara. Mamassutsit ilaat iluarineq ajorpakka. Soorlu saviminersunni.

Angajoqqaama ajornartorsiuteqarnera paasigamikku suut tamaasa tukerpaat ullorsuarlu aliikkutaqartinniartalerlunga, atuffallunga, katitertakkereqatigalunga, pinnguaqatigalunga, Legoqatigalunga, aammalu suut allat saatassaasinnaasut

sammillugit. Utoqqaanerulerama tamakku taarserneqarput
hiisternermik, hiisternermut ilinniarnermik, qallunaatoorner-
mut ilinniarnermik, matematikkimik kiisalu oqaluttuarisa-
anermut angajoqqaannit ilinniartinneqarlunga. Sungiusarneq
kigaaqaaq, suliaqartinneqartuartillungali siumukalaartuar-
punga. Allaanngilaq paasinninnerulaalernissannut tamakku
tunngavissaleraannga. Timinnik atuisitaanikka eqqaamallu-
arnerusarpakka.

Soqutigisama, hiisternerup, suut tamaasa allanngortippai.
Ulloq hiistimik takoqqaarfinniit qamuunavik malugisinna-
avara hiistip pisariaqartilluinnakkannik, sukkassusermik,
tunisinnaagaanga. Hiistit soqutigisorujussuanngorpakka,
a- ngajoqqaamalu paasilerpaat suut allat hiisternermut hiisti-
nullu attuumassuteqalersittuarsinnaagunikkit taava uanga
oqaaserisimasaat eqqaamalluarnerusarikka. Soorlu hiisti ne-
risitassaavoq, kumigartugassaalluni timersortitassaallunilu.
Taamattaaq inuit nerisariaqarput, aaqqissugassaallutik aam-
malu timersortariaqarlutik, allatullu. Hiistertarnikkuttaaq
timiga aqussinnaanerulerpara, napaniallaqqissinerullu-nga,
timinnik ataqatigiimmik atuisinnaanerulerlunga kiisalu qisu-
ariallaqqinnerulerlunga.

Naak eqqarsarsinnaanerulerlunga eqqaamasaqarsinnaane-
ruleraluarlunga eqqarsaatinnik sammisamut ataatsimut ka-
tersuisinnaassusera oqalussinnaassuseralu amigaateqaqaat.
13-inik ukioqarlunga paasilerpara oqaatiginiakkakka inun-
nit paasineqarneq ajortut, assullu ajorusulersippaanga nikal-
lorulullungalu. Paasilerpara oqaatsit qanoq pingaartigissu-
siat, aammalu attaveqarsinnaanngikkuma nalinginnaasumik
pisinnaassuseqalernavianngitsunga inunnit allanit paasine-
qarsinnaanngorlunga. Ullut ingerlatillugit allaassusera ersa-
rissigaluttuinnarpoq, inuimmi eqqaasittarpaannga sorpassuit
saperlugillu paasisinnaanngikkikka.

1996-imi nappaatiga paasineqarmat takusinnaalluarsimann-
gilara autistiussuseq uannut qanoq attuumassuteqarner-
soq. Autistiussuseq suusoq paasinnginnakku angajoqqaama
tamanna pillugu oqaluttuukkaangannga sumiginnaannartar-

para. Oqaluttuuttuaannarmanngali isertoqatsiartalerpoq, paasinnikkiartulerpungalu.

Autistiussuseq pillugu nutaamik ilisimasaqalernikkut ingerlaqqissinnaalerpunga. Nammineq amigaatikka takulluarsinnaanerujartuinnarpakka, ajornartorsiutimalu qanoq iliuuseqarfiginissaat uannut ajornakusooqalunilu kigaaqimmat isumatsallunga nikalloruluttarnikka tulleriiaaginnavissut isummaminnik takkussulerput. 12-16-inik ukioqarnera nikallungarulunneruinnangajavippoq, issiarusaartarpunga assilissallu alianartut titartartarlugit. Nikallungarulunneq silarsuarmi peqqinnarnerpaajunngikkaluartoq taamaattoq nutaanik tunisarpaanga. Tassa eqqarsariaaseq nutaaq, nikallungaruloreeraangamalu ilikkagaqaqqinnissannut nutaamik tunngavissaqalersimasarpoq.

Aamma nikallungaruluutigisarpara maanna takusinnaalerakku oqaatsima amigaateqarnerat aammalu inoqasersorsinnaanngissusera pissutigalugit inoqatinnut mattusimanersuara. Inuit allat sutut nalunartutut uattut ittuaannarput. Kiinnamikkut, timimikkut pissusilersorneri nalinginnaasumillu oqalunneri paasiuminaattaqaat, pingaartumillu tamakku ataatsikkut paasiniaraluaraangakkit.

Oqalussinnaanngissusera inunnillu allanik paasinnissinnaanngissusera pissutigalugit niviarsiaranngorpunga nipaaqisoq, arlaannik aperineqartinnani oqalunngingajattartoq. Allallunga attaveqarneq ilikkarakku oqaatsitut ittunik pigisaqalerpunga, isumaqarpungalu inuit allat takorlooruminaatsittorujussuusinnaasaraat qanoq tamanna uannut pingaaruteqalersimatigisoq.

Inunnut allanut attaveqarnertut ittumik peqalerpunga, aammalu inunnut allanut allagarisartakkakka/mailerutigisartakkakka atorlugit inoqasersorneq ilinniarpara. Taamaatsilluguli ulluinnarni nipilimmik oqalunneq, paasinnissinnaassusera inoqasersorsinnaassuseralu ilungersuutigaakka. Sulilu ilungersorpunga. Misilittakkakka naapertorlugit nalunngilara ilungersuutiinnaraanni ullut arlaanni tamakku iluatsikkumaartut, qanorluunniit neriuutissaarunnartigigaluarpat apeqqutaatinnagu.

Puilasuliaq

Aak kuuppoq, qaratsamit qimaalluni.
Natermut kuuppoq.
Suut taamaasa aappillersillugit.
Ingerlaqqippungali, annikinneruinnartumik.
Susoqarsimanngitsutut aannik takutippakka.
Tallinnit qorlorpoq.
Takusakka tamaasa qarsortillugit.
Torsuusaq takeqaaq, allornerit tamaasa
suut tamarmik ungasinnerulersutut ittarput.
Takusinnaaviuk ikiortariaqarama?
Takusinnaaviuk piffissap qimarratigimmanga?
Nappaatiga malugisinnaaviuk?
Ersineq nappaatigaara.
Peqqissisilaannguannga aat.
Peqqinngilanga.
Alloraqqippunga.
Qinnuterpassuit nukeerussimavaannga.
Upperiumanngikkumma,
taava oqaluttuaritsiaruk ersiorneq takusat.
Assaga tiguuk, isigiuk.
Qanoq aliasuutigitigigiga oqaatsit anninneq saperpaat.
Isikka isigikkit, takuuk qanoq qiasut.
Matut amerlaqaat.
Arlaannaataluunniilli ammaakkumanngilaa.
Siumut aqqut ataasiinaavoq,
tamatumuuna siumuinnaq.
Ersivunga.
Qussalagisarali ataasiinnaavoq.
Isikkut isiginnga.
Oqaluffiginnga.
Oqaluukkumanngeqinagamma ersissutigaara.
Ersissutigaara suut tamarmik nalinginnaasunngorsinna-
assanngitsut.

Nipaassutsip timiga kuugaarfigaa.
Nissukkut kuuppoq.
Aannut siaruaalluni.
Inuit sanioqquttut isigaannut kuuppoq.
Ersigilissavaannga.
Soorlu ila nipaassuseq tuniluuttartoq.
Soorlu ila nipaassuseq qungujulasoq.
Immikkoorniatut taagoqinanga.
Nalunngilarami taamaattuullunga.
Sooq soqutigineqassaanga
taakkununnga soqutiginninnera oqaasertalersorsinnaann-
gikkukku?
Nalunngilara ajoqisoq.
Imminut nalligeqinak.
Qassutinut napippaanga.
Nateq nillerpoq.
Huey, aaga tullaareqinasiuk.
Ilisimanngiliuk qaqutigoortumik aaqarama?
Nutsakka aapillersissinnaavai.
Kiinara aappillersillugu.
Nateq manngerpoq.
Nallavigalugu annernarpoq.
Alloraqqilluni annernanngilaq.
Sanngiissuseq annernartuuvoq.
Ikioqqissinnaannginnamma annernarpoq.
Kiinara takuuk, nutsakka takukkit, sinnattora takuuk -
Ikiorsinnaanngilakkit.
Arnatut nuannarinerpaasattut
ilisinnaanngilanga.
Uanga uangaavunga.
Takusinnaanngiliuk anniarigakku?
Inuunermi maani ingerlaqqikkusuppunga.
Maannali maani nalavunga.
Neriuppunga ersiornera paasissagit.
Uannut ruusat tamarmik maanna toqoreersimapput.
Qaqortut, aappalaartut, sungaartut.
Tamavimmik.
Neriuppungali asaninnermik takutitsivigisinnaallutit.

Tatigaakkimmi.
Nalunngilara ikiorniarimma.
Takusinnaavinga?
Tusaasinnaavinga?
Maaniippunga.
Oqarit titarsiit, Saga.
Nanisinnaaniassavaatsit.
Oqarit titarsiit.
Uannut.
Tusaasinnaaniassavakkit taava.

Autistiussuseq pillugu paasisaqarneror- usuttunut

Gerland, Gunilla. Et rigtigt menneske. En beretning om ud- sathed, anderledeshed og autisme. Roman. Gyldendal, 1998.

Det gule hus. Video. Redaktør Jørgen Ramskov, tilrettelæg- gelse Sten Baadsgaard. Solo Film, 1998. På filmen: Se på mig.

Rainman. Video. Egmont Vision, 2000

Videncenter og Center for autisme, Hjemmeside: www.autisme.dk

Ajornartinnagu apeqqutit qaraasiami nittartakkanni akis- arpakka. Akissutit tamanut tunngasut ilannguttarpakka kik- kut tamarmik atuarniassammatigit, apeqqutimmi atorlugit nittartakkanni ingerlaqqinniartarpunga. Aamma soorunami pisariaqartitsisoqarpat inuit ataasiakkaat apeqqutaat akisin- naavakka. Peqatigiiffiit allalluunniit oqalugiartillunga ator- sinnaappannga sapinngikkuma piareersimasarpunga.

www.ingramcontent.com/pod-product-compliance
Lightning Source LLC
Chambersburg PA
CBHW030258130626
46549CB00002B/581